BEI GRIN MACHT SICH IHR WISSEN BEZAHLT

- Wir veröffentlichen Ihre Hausarbeit, Bachelor- und Masterarbeit
- Ihr eigenes eBook und Buch - weltweit in allen wichtigen Shops
- Verdienen Sie an jedem Verkauf

Jetzt bei www.GRIN.com hochladen und kostenlos publizieren

Bibliografische Information der Deutschen Nationalbibliothek:

Die Deutsche Bibliothek verzeichnet diese Publikation in der Deutschen Nationalbibliografie; detaillierte bibliografische Daten sind im Internet über http://dnb.d-nb.de/ abrufbar.

Dieses Werk sowie alle darin enthaltenen einzelnen Beiträge und Abbildungen sind urheberrechtlich geschützt. Jede Verwertung, die nicht ausdrücklich vom Urheberrechtsschutz zugelassen ist, bedarf der vorherigen Zustimmung des Verlages. Das gilt insbesondere für Vervielfältigungen, Bearbeitungen, Übersetzungen, Mikroverfilmungen, Auswertungen durch Datenbanken und für die Einspeicherung und Verarbeitung in elektronische Systeme. Alle Rechte, auch die des auszugsweisen Nachdrucks, der fotomechanischen Wiedergabe (einschließlich Mikrokopie) sowie der Auswertung durch Datenbanken oder ähnliche Einrichtungen, vorbehalten.

Impressum:

Copyright © 2013 GRIN Verlag, Open Publishing GmbH
Druck und Bindung: Books on Demand GmbH, Norderstedt Germany
ISBN: 9783668392045

Dieses Buch bei GRIN:

http://www.grin.com/de/e-book/303005/ueberblicksdarstellung-der-geschichte-der-psychologie-von-helmut-lueck

Katharina Kantreiter

Überblicksdarstellung der „Geschichte der Psychologie" von Helmut Lück

GRIN Verlag

GRIN - Your knowledge has value

Der GRIN Verlag publiziert seit 1998 wissenschaftliche Arbeiten von Studenten, Hochschullehrern und anderen Akademikern als eBook und gedrucktes Buch. Die Verlagswebsite www.grin.com ist die ideale Plattform zur Veröffentlichung von Hausarbeiten, Abschlussarbeiten, wissenschaftlichen Aufsätzen, Dissertationen und Fachbüchern.

Besuchen Sie uns im Internet:

http://www.grin.com/

http://www.facebook.com/grincom

http://www.twitter.com/grin_com

Geschichte der Psychologie
Lück, 6. Auflage

1. Möglichkeiten und Methoden der Psychologiegeschichtsschreibung

a) Warum Geschichte der Psychologie?
- Rolle des schlechten Gewissens: Herausstellung von Versäumnissen, Fehlentwicklungen und in Vergessenheit geratenen Ideen
- tieferes Verständnis für die Gegenwart und die berufliche Praxis

Distanzierte Haltung von Psychologen gegenüber der Geschichte der Psychologie:
- Haltung ist historisch begründbar: Methodik angelehnt an Naturwissenschaften, frühere Forschung schien ihnen überholt- Beschäftigung unsinnig; seit den 1980igern Rückbesinnung auf Geisteswissenschaften (Defizite in der experimentelle Psych., Gesellschaftstheorie Marx zeigt historische Bedingtheit menschl. Handelns)
- Kuhn: Suche nach Gesetzmäßigkeit in Entwicklung der Wissenschaften: Krisen lösen Paradigmenwechsel aus
- Geschichtswissenschaft verändert sich: bedient sich häufiger an Methoden empirischer Sozialforschung (oral history); Laien forschen nach Herkunft, Geschichte des Ortes, Vereins etc.

Zweck der Psychologiegeschichte:
- früher: Rechtfertigung eigenen Handelns
- heute: Aufzeigen von Grenzen des früheren Zwecks, höherer Wert durch Betonung der gesellschaftlichen Bedingungen in Forschung, Lehre und Praxis

b) Verbreitung von Irrtümern:
- **Beispiel 1: Psychologie im Nationalsozialismus**
  - Verhältnis Psychologie zu Nationalsozialismus bisher kaum thematisiert, weil froh diese Zeit hinter sich zu haben, Rechtfertigungsdruck
  - **Irrtum**: Psychologische Forschung hatte unter Nationalsozialismus zu leiden, Nazis seien gegen Psychologie eingestellt gewesen, Niedergang der Psychologie
  - seit Beginn der 80iger kritische Auseinandersetzung
  - Quantitativ gesehen Aufschwung der Psychologie
  - Ausbau psych. Institute
  - freie Lehrstühle in neue Professuren umgewandelt
  - riesiger Ausbau der Wehrmacht und Wehrmachtpsychologie
  - Professionalisierung der Psychologie: bis 1941 kein klares Berufsbild, ab da Einrichtung einer Ausbildung, vor allem Diagnostik
  - neuere Quellen belegen Psychologen spielten entscheidende Rolle bei Kindereuthanasie
  - 1942 Einstellung der Heeres- und Luftwaffenpsychologie, weil Diagnose für Kriegstauglichkeit nicht mehr nötig
  - Verbot der Psychoanalyse?
  - Richtig ist: Schriften Freuds 1933 verbrannt, Wiener Institut liquidiert, Emigration der Analytiker, Psychoanalyse offiziell verboten
  - Aber: psychoanalytische Therapie wurde auch im 3. Reich praktiziert! Gründung des Deutschen Instituts für psych. Forschung und Psychotherapie (zusammenfassen tiefenpsycholo. Richtungen)
- **Beispiel 2: Experimentelle Psychologie in der BRD**
  - **Irrtum:** Psychologie sei schon immer experimentell gewesen
  - Aber: immer schon nicht-experimentelle spekulative Anteile
  - Beispiel: Wundt- fast ausschließlich nichtexp. Völkerpsychologie

- Watson- Utopien verfasst und kaum versucht Behaviorismus in die Tat umzusetzen
- *Interessant:* nach 2WK Dtld. wurde experimentelle Psychologie der USA von der Mehrzahl der dt. Psychologieprofessoren als überholt angesehen. Erst Ende 50iger Aufschwung in Dtld.
- **Beispiel 3 :Psychoanalyse in der UdSSR**
- **Irrtum**: Psychoanalyse sei deutsch-österreichische Angelegenheit, die nach Emigration bedeutender Personen in den USA weiterentwickelt wurde
- In der UdSSR Blütezeit der Psychoanalyse nach der Oktoberrevolution 1917, die vom Staat gefördert wurde! (schnelles Ende durch Stalinismus)
- 1921 Kinderlaboratorium in Moskau durch Psychoanalytiker gegründet
- Gründe für Erfolg der PA in UdSSR:
- Lenin? - verbrachte 1900-1917 mehr als 13 Jahr in Westeuropa
- setzte sich für die Übersetzungen der Werke Freuds ins Russische ein
- Frau Lenins: Pädagogin, die mit Freud Entwicklungspsychologie vertraut
- 3 Werke Freuds heute noch in seiner Bibliothek
- Trotzkij – schon früh mit Psychoanalyse vertraut und Befürworter

c) Geschichtswissenschaftliche Aspekte

früher: Historismus: Leopold von Randtke (1795-1886) – Sammeln aller erreichbaren Fakten, dadurch „die" Wahrheit - „wie es gewesen ist", objektiv

Heute: Es gibt nicht die Wahrheit, Geschichte kann nur Rekonstruktion des Vergangenen sein, die einer bestimmten Fragestellung und Perspektive unterliegt.

„Jede Zeit müsse sich ihre Geschichte neu schreiben"
- historische Fakten werden immer wieder anders verstanden
- jede Epoche hat andere Fragen

Geschichtswissenschaft heute in Wandlungsprozess, stärkerer Bezug zu Sozialwissenschaften!

d) Modelle der Psychologiegeschichtsschreibung

- **Great-men Ansatz** – Boring schrieb differenzierteste Psychologiegeschichte 1929
- **Ideengeschichtliche der Psychologie** von Helmann 1967 mit kulturellen Aspekten, chronologisches vorgehen, was hat sich aus etwas entwickelt
- **Problemgeschichte**, kein chronologisches Vorgehen, Systematisierung von Einzelfragen, Pongratz, 1967, umfangreiche Problemgeschichte verfasst
- **Sozialgeschichte** – heute: ähnlich der Ideengeschichte, aber Fokus stärker auf sozialen, gesellschaftl., polit. und institutionellen Bindungen und Bedingungen psychologischer Forschung; aktive Geschichte, da sie als schlechtes Gewissen in Frage stellt, anregt und aufmerksam macht

e) Psychologiegeschichtliche Forschungsmethoden

- keine anderen Methoden wie in den der Geschichtswissenschaften
- **1. Quellenstudium**:
- Quelle: Texte, Gegenstände oder Tatsachen aus denen Kenntnisse über die Vergangenheit gewonnen werden können.
- Beispiel: Geburtenregister: nicht nur Feststellung wann eine Person gelebt hat, sondern auch Lebenserwartungen, Familiengröße, Präferenz ggü. Geschlecht (wenn jüngstes Kind häufiger Junge war, dann kann man schlussfolgern, dass kulturell männliche Nachkommen erwünschter waren)
- Primär- und Sekundärquellen: je näher die Quelle dem Ereignis ist, umso höher der

Erkenntnisgehalt, z.B. Primärquelle - Briefe aus einer Zeit, Sekundärquelle wäre Lebenserinnerung.
- Viele Quellen wurde vernichtet, z.b.Sperrmüll
- Übriggebliebenes Material ist niemals eine Zufallsstichprobe, Material überlebt selektiert, deshalb muss besonderes Augenmerk auf fehlendes Material gelegt werden
  ◦ <u>Methoden der Auswertung</u>:
- <u>Hermeneutik</u>, benötigt Vorkenntnisse über die Person, Sitten, Zeit etc. um nicht falsch zu interpretieren
  ◦ hermeneutischer Zirkel (verstehen läuft zirkulär ab; Grundregel: das Ganze aus dem Einzelnen und das Einzelne aus dem Ganzen verstehen)
- seit letztem Jahrhundert vermehrt <u>mathematisch-statistische Methoden</u> (empirische Sozialwissenschaft): deskriptive Statistik, Regressionsanalyse, komplizierte multivariate Verfahren
- Historische Sozialwissenschaft oder hist. Soziologie: bibliometrische Analysen:Zeitreihenanalyse, Inhaltsanalyse
- **2. Archive**:- Psychologen mit den Dokumenten ihrer Geschichte z.T. sehr nachlässig umgegangen.
  ◦ Archive, kostenfrei aber nicht uneingeschränkt möglich.
- 1. **Institut für Geschichte der Psychologie der Uni Passau** 1924 gegründet, 2009 an Uni Würzburg verlagert „Adolf Würth Zentrum für Geschichte der Psychologie": Sammlung Literatur, Instrumente, Geräte Testsammlungen, Nachlässe, Briefe.
- 2. **seit 1997 Psychologiegeschichtliches Forschungsarchiv (PGFA)**: Nachlässe, Tests, Schenkungen, Tondokumenten
- 3. Größtes Archiv außerhalb der BRD **University of Akron, Ohio**: Spezialmaterial, Korespondenzen, Umfangreiches Filmmaterial
- 4. **Nachlässe einzelner Psychologen** in Familienbesitz oder an den Unis an denen sie lehrten
- 5. **Museen:** Deutsches Museum in München: - psychologische Geräte und Literaturarchiv, Sigmund Freud Haus in Wien: Wohnung, Sammlung psychoanalytischer Literatur, Im Exil in London: seit 1987 Wohnung auch als Museum zugänglich
- **3. Spurensuche und nichtreaktive Messverfahren:** Analyse von Spuren, aus unabsichtliche Überresten wird auf Individuen und deren Handlungen geschlossen. <u>Aber</u>: Menschen können Spuren legen und verwischen (z.b. Nazidokumente), eher Gebiet von Historikern, Detektiven, Jägern. Nicht von Psychologen, Soziologen. Bekannteste Verfahren Abnutzung, Ablagerung, Archive, Material und Energieverbrauch, aber auch Feldexperimente.Versuchspersonen haben keinen Einfluss auf den zu messenden Sachverhalt. Nichtreaktive Verfahren sind in direkter Beziehung zu historischen Forschungsmethoden.
- **4. oral history** – gezielte Befragung von Personen nach der Vergangenheit; sehr aufwendig, Tonbandaufzeichnung, sorgfältige Transkription. Vorteil: zielgerichtet Daten gewinnen, anschaulich, lebendig; z.B. Geuter 1984 Psychologen als Nazizeitzeugen befragt
- **5. Zeitreihenanalyse**:
  ◦ Daten chronologisch geordnet, z.b. Anzahl der Selbstmorde in einem Jahr, graphische Darstellung in Punktediagramm
- Beschreibung von Trends, in Grenzen Prognosen möglich
- z.b. Erscheinung von Publikation zu Teilgebieten Aggression, ADHS etc. - Forschungstrends erkennbar
- Fragestellung anhand von Hypothesen

f) Psychologische Theorien im Dienste der Psychologiegeschichte

1. Entwicklungs- und Persönlichkeitspsychologie
- Biographieforschung
  ◦ früheste Entwicklungspsychologisches Modell von **Charlotte Bühler 1933**:
- Zusammentragung von Biographien und Autobiographien von bedeutenden Persönlichkeiten

(quantitative Erfassung von Einkommen, Patenten, Veröffentlichungen, etc./Darstellung über Lebensdiagramm)
- Versuch Phasenmodell der menschlichen Entwicklung zu erarbeiten
- Herausstellung des menschlichen Strebens nach Erfüllung
  ◦ Persönlichkeitspsychologie: z.b. Inhaltsanalyse von Texten- Schlussfolgerung auf Persönlichkeitsdimensionen wie Leistungsmotivation
- Verwendung projektiver Tests (Basis Assoziationen z.b. Rorschach-Test, TAT)

2. Sozialpsychologie
- Schulen- und Institutionengeschichte
  ◦ Sozialisationsprozesse
  ◦ Analyse von Gruppen: Prozesse von Normenbildung, Führung, Sympathie, Ablehnung anderer Gruppen etc.
  ◦ Sozialpsychologen haben sich nur selten Forschergruppen zugewandt, erst seit Thomas Kuhn - Historiker
- Beispiele von Forschergruppen:
- **Freuds Mittwochsgesellschaft** (Könnten nach Interaktionsstrukturen untersucht werden)
- Auswertung **wissenschaftlicher Kontroversen**. Wer ist warum an Kontroverse beteiligt?etc.
- **Verhältnis Führung und Gruppenklima** oder Führung und Produktivität der Gruppe – diese Fragen werden an heutigen Gruppen erforscht. Erforschung der Fragestellungen aber für auch für vergangene Gruppen denkbar.

3. Psychoanalyse und Psychohistorie
- psychoanalytische Methode auf Texte, Kindheitserinnerungen etc. angewendet
◦ heute wichtige Methode in der Literaturwissenschaft (Literaturpsychologie)
- Psychohistorie – eigenständiges Gebiet
◦ z.B. E. Erikson – Analyse von Luther
◦ Hitlers Machtstreben und Sendungsbewusstsein mit Fakten über Kindheit, Elternhaus, Erziehungsstil etc. erklärbar

- Vor- und Nachteile:
◦ verschieden Interpretationsmöglichkeiten von einem Sachverhalt
◦ Vorwiegend im Zentrum ist das Individuum – neuere Geschichtswissenschaft bemüht um gesellschaftliche Prozesse

4. Marxistische Gesellschaftstheorie und kritische Psychologie
- Basis der kritischen Psychologie ist **Marx**
- **Holzkamp** und Schüler 1971 Aufsatz „kritischer Rationalismus als blinder Kritizismus": Vorwurf an bürgerlicher Psychologie: Betrachtet Geschichte als Naturprozess und unterscheidet nicht menschliche Geschichte
◦ menschlich. Geschichte sei gegenständliche, gesellschaftliche Praxis, wobei der Mensch sowohl Subjekt als auch Resultat geschichtlicher Entwicklung sei
◦ Gesetzmäßigkeiten (Marx) im histor. Prozess; diese Geschichte sei aber nicht von außen studierbar, sondern nur von innen
◦ 1979/80 erste umfangreiche Auseinandersetzungen zur Geschichte der Psychologie zur Nazizeit im dt. Sprachraum
◦ von der krit. Psychologie sind starke Impulse zur psychologiegesch. Forschung ausgegangen

Kritischer Rationalismus: begründet von Karl Popper, Kritisch rationale Überprüfung wissenschaftlicher Theorien mit dem Ziel ihrer vorläufigen Bestätigung durch den permanenten vergeblichen Versuch ihrer Widerlegung

2.) 19. Jahrhundert

1. Positivismus und naiver Empirismus
- Wurzeln: **David Humme** 1711-1776
- ab Mitte des 19.Jhrd durch Auguste Compte und Hyppolite Taine (Frankreich), John Stuart Mill und Herbert Spencer (England), Ludwig Feuerbach, Ernst Mach und Hans Vaihinger (Deutschland)
- **Compte** – Begründer der Soziologie, **Dreistadiengesetz** (3 Stadien des Denkens/Wissen bis man Optimalzustand erreicht wird: theologische, das metaphysische und das positive Stadium; theologisches Stadium mit dem Kindesalter der Menschheit, das metaphysische mit der Pubertät und das positive mit dem „männlichen Geisteszustand" identifiziert. Die Theorie des Dreistadiengesetzes hat einen stark theologischen Charakter, d. h. sie unterstellt, dass die menschheitsgeschichtliche Entwicklung auf ein bestimmtes, von vornherein feststehendes Ziel gerichtet ist)
- Positivistischer - humanistischer Ansatz
- die englische Richtung des Positivismus = naiver Empirismus

2. Evolutionstheorie
- großer Einfluss der **Darwin** Theorie auf die Humanwissenschaften, z.b. psychologische Theorien (**Taylor+Frazer** um **1900** Annahme ‚Primitive" seien Europäern intellektuell unterlegen, niedrigere Evolutionsstufe; empirische Untersuchungen durch **Galton** lieferten Argumente für die Theorie-geistige Unterschieden bei Rassen; später auch Intelligenztestdesigns kulturgebunden- es gibt keine kulturunabhängigen Tests mit denen man solche Vergleiche anstellen könnte)

3. Völkerkunde und Völkerpsychologie
- **ab 1850** Wettrennen um neue Kolonien
  - dies führt zu Auseinandersetzung mit anderen Rassen und Kulturen als auch deren Mentalität
- **Waitz 1859** „Anthropologie der Naturvölker", Untersuchung von Mentalitätsunterschieden, Ergebnis: Mentalitätsunterschiede nicht durch die Rasse erklärbar, da gleiche Rasse verschiedene Nationalitäten haben kann/Verschiedene Rassen finden sich in versch. Umweltbedingungen-->seelische Eigenschaften seien stark modifizierbar
- **Bastian**, Direktor Berliner Naturkundemuseum, **1860**, stellte Bedeutung der sozialen Umwelt für Menschwerdung heraus
- **Humbolt**, das Denken ist wesentlich von der Sprache bestimmt , versch. Sprachen = versch. Weltansichten, auch Whorf teilte die Theorie (**Whorf-Hypothese**)

- **Begründer der Völkerpsychologie:**
  - **Lazarus und Steinthal**, befreundetes jüdisches Wissenschaftlerpaar
- 1. Basis **Herders** Vorstellung einer Volksseele und Johann **Herbarts** „Psychologie als Wissenschaft" (Mensch ist nichts außer Gesellschaft und erhält seine Humanität durch soziale Umwelt)
2. Vergleichendes Studium der Völker: Entwicklung des Menschen, der Sprache und Entstehen sozialen Verhaltens
3. ab **1860** „Zeitschrift für Völkerpsychologie und Sprachwissenschaft", Name mehrfach geändert

- **Wilhelm Wundt:**
  - ähnliche Ansicht wie Lazarus und Steinthal
  - Überzeugung, soziale Prozesse seien zu komplex um sie experimentell zu erforschen
- experimentelle Psych. für ihn auf individuelles Verhalten und Wahrnehmung und Bewusstsein beschränkt
- teilte P. in „experimentelle Psychologie" und „Völkerpsychologie" (Kunst, Religion, Mythos, Sitte...)
- 10 dicke Buchbände der Völkerpsychologie
- stützte sich nicht auf eigene Untersuchungen, sondern auf Expeditionsberichte,

Korrespondenzen und allg. Lebenserfahrungen
→ **Folge:** rein beschreibende Völkerkunde; veraltet
- empirische Sozialpsychologie in Dtl. durch Wundt behindert
- in USA keine Völkerpsychologie als Wissenschaft entwickelt

- **Ruth Benedict** (1887-1948): Urformen der Kultur, Studium über drei immer noch existierende primitive Völker
  ◦ Versuch Aussagen über das Wesen des Menschen zu gelangen
  ◦ Grundannahme: Verhalten gelernt, kulturelle Selbstverständlichkeiten sind Vorurteile, da enorme Variabilität von Werten und Verhaltensweisen in den Kulturen
- Psychoanalyse beeinflusste die Ethnologie stark
- z.b. Freuds Schrift „Totem und Tabu": Ähnlichkeiten zw. Neurotischen Störungen und Vorstellungen in primitiven Kulturen
- Neopsychoanalytiker versuchten Zusammenhänge zwischen Sozialisationspraktiken und Persönlichkeitsstrukturen zu bestimmen

4. Massenpsychologie
- Ursprungsland **Italien**, auch **Frankreich** zwischen 1890/95
- Franz. Revolution 1789 veränderte Europa in den folgenden 100 Jahren stark
- Industrialisierung, Massenfertigung, Landflucht, Elend der Industriearbeiter, aufkommende Massentransportmittel, Massenkommunikationsmittel wie Tagespresse, Gewerkschaftsbildung, Demonstrationen etc.
→ Es werde wissenschaftliche Erklärungen der Macht der Massen nötig:
  ◦ um Massenprozesse vorherzusehen, um bestehende Gesellschaftsschichten zu erhalten und Individuen zu schützen
- **1.) Italien: „Lateinische/ Römische Schule der Massenpsychologie"**
  ◦ Systematisierung von Massenwirkung
  ◦ Hintergrund: **Sighele** 1868-1913: kriminologische Sicht: Verminderte Zurechnungsfähigkeit des Einzelnen in der Masse aufgrund verändertem Bewusstseinszustand, Einzelner sei für sein Handeln nur begrenzt verantwortlich
  ◦ im 2. Band durch Einfluss von Arzt **Lombroso**: Unterscheidung geborene und Gelegenheitsstraftäter in Massen
→ diese Annahme fand Eingang in der ital. Rechtsprechung
- **2.) Frankreich**: bezugnehmend auf Italien
- Warum macht das Individuum die Bewusstseinsveränderung durch?
- Der Einzelne sei in der Masse gebremst. Masse sei „dümmer" als das Individuum
→ **LeBons „Massenpsychologie"** 1895: Masse gleich kopflosem Tier, dass durch einen Führer knetbar sei. Niedere Instinkte würden aktiviert.
- Schwächen dieser Theorie:
  ◦ stützt sich auf Berichte und Anekdoten, nicht auf eigene Beobachtungen
  ◦ Beschriebene Prozesse sind Ausnahmesituationen
  ◦ Ursachen dynamischer Prozesse nicht überzeugend dargelegt
  ◦ Sicht eines Konservativen Gebildeten der auf den Pöbel herabschaut
- Einfluss auf Freud, Ähnlicher Standpunkt, Führer = Überich

- Massenpsychologie = Randgebiet der akademischen Psychologie
  ◦ weitgehend mit Massenkommunikationsforschung, Soziologie und Ökonomischer Psychologie abgedeckt
  ◦ findet wissenschaftlich gesehen kaum Beachtung

5. Philosophie und Physiologie
- ab **1850** *Materialismus*:

- Auffassung, gleiche Grundlage aller Wissenschaften: *Das Funktionieren des menschlichen Körpers entsprach wissenschaftlichen Gesetzen und nicht dem Willen Gottes*
- Entwicklung der Medizin: verbesserte Hygiene, sezieren von Leichen, Mikroskopie etc.
- wichtige Vertreter: **Helmholtz, Brücke, Ludwig, Bois-Reymond**
- keine anderen Kräfte im Organismus als chemische und physikalische
- Mit dieser Auffassung sind Psychologen des 19. Jhrds ausgebildet worden
  - Wundt unter Bois-Reymond/ Helmholtz, Freud unter Brücke, Pawlow unter Ludwig
- dieses Wissenschaftsverständnis hat zu beachtlichen Erfolgen geführt

6. <u>Sinnesphysiologie und Psychophysik</u>

- **Fechner:**
  - **Psychophysik:** psychologische Vorgänge nach physikalischer Natur
  - Auffassung: Universum ist ein beseeltes Wesen, das Weltganze strebt nach einer höheren Ordnung
  - sucht nach Verbindung zwischen Materiellem und Geistigen
- **Ernst Heinrich Weber „Vater der Psychophysik"**
  - Erforschung der Sinnesorgane, vor allem die Empfindungen
  - Empfindungen sind keine genauen Abbilder der Außenwelt, sondern individuell wahrgenommen – sie sind das Rohmaterial unserer Wahrnehmungsurteile
  - Erforschung der Reizschwellen durch Zirkelversuche mit Handrücken
  - arithmetische Darstellung: Reizzuwachs steht in direktem Verhältnis zu Ausgangsreiz
→ Fechner griff dies auf:
- Wiederholung der **Stechzirkelversuche**
- Versuch: Gewicht 100g in der linken Hand – in der anderen Hand Unterschied bei 102g in der anderen spürbar, bei 300g sind 306 in der anderen nötig
- in Selbstversuchen fand er heraus: Veränderungen gegenüber der Standartgröße stehen in konstantem Verhältnis zu einander

Weber- Fechnersche-Konstante
Gewicht 100:102 oder 1:50
Helligkeit 1:60
Temperatur 1:30
Salzgeschmack 1:3

- geben Hinweis auf die Leistungsfähigkeit der Sinnesorgane

- Mathematische Formel, sog. Fundamentformel, entwickelt: $\underline{\frac{\Delta I}{I} = K}$

  I = Standartwert ΔI = zusätzliche Intensität
  K = Weber-Fechnersche-Kostante

- Ableitung der Formel $\underline{E = K \times Log\, R}$
- d.h. Empfindung ist Abhängig vom Produkt aus K und dem Logarithmus des Reizes
- Weber-Fechnersches Gesetz
- universelle Gültigkeit dieser Formel wurde später durch viele Untersuchungen angezweifelt, vor allem im Bereich der extremen Bereiche

7. **Experimentelle Psychologie des Lernens**
- **Ebbinghaus**, Pionier der Gedächtnisexperimente, forderte 1885 die Erweiterung der experimentellen Psychologie
  - experimentelle Erforschung des Gedächtnisses
  - Anwendung Fechners Methode auf das Gedächtnisleistungen

- Ebbinghaus war Versuchsleiter, Protokollant und einzige Versuchsperson
- Einprägen sinnloser Silbenreihen
- es gelang ihm nicht andere Personen für die Versuchsreihe zu gewinnen
- drei heute noch gültige psychologische Messmethoden der Gedächtnisleistung: Wiedererkennungsmethode, Reproduktionsmethode und <u>Ersparnismethode</u>

→ Ermittlung von Gesetzmäßigkeiten
- nach längeren Zeitabständen ist eine Wiederholung notwendig
- Lernkurve - beschreibt den Erfolgsgrad des Lernens über den Verlauf der Zeit
- Vergessenskurve – Grad des Vergessens nach einer bestimmten Zeit
- es folgte eine lange Entwicklungslinie, die vorläufig bei den heutigen Computern endet, die Silbenreihen per Zufall erstellt

3.) 19. und 20. Jahrhundert

- **Schulenbildung zwischen 1880 bis 1950**

a) Leipziger Schule
- physiologische und experimentelle Psychologie Wundts
- Zentrum psychologischer Forschung
- internationales Vorbild, Gründung vieler psychologischer Institute weltweit

Wilhelm Wundt

Biographisches:
- 1832 als Pfarresssohn in Neckarau geboren; starb 1920 bei Leipzig
- Medizin studiert in Tübingen
  - (1858 Reymond Lehrstuhl in Berlin; zeitgleich Helmholtz Lehrstuhl in Heidelberg, in Leipzig Webers Tastsinnversuche)
- widmet sich der Physiologie während des Studiums in Heidelberg und Karlsruhe
- 1858 Privatdozent in Heidelberg unter **Helmholtz**, neu eingerichtetes Institut für Physiologie
- 1864 außerordentliche Professur in Heidelberg, Anthropologie und medizinische Psychologie
- 1864 Veröffentlichung „Physiologie des Menschen"
- naturwissenschaftlich-materialistische Position:
- seelische Vorgänge geschehen aufgrund physiologischer Vorgänge
- erste seelische Akte: Empfindungen durch Sinnesreize
- 1875 nach Leipzig berufen: wirkt als Philosoph (sieht sich selbst als Philosoph)
  - **1879 Gründung des ersten experimentalpsychologischen Instituts**
  - 1883 Gründung der Zeitschrift „Philosophische Studien"
  - sieht Psychologie als Teilgebiet der Philosophie
- wandte sich **ab 1900** der **Völkerpsychologie** zu
- hielt aber bis ins hohe Alter gut besuchte Vorlesungen, besuchte niemals Kongresse

Grundzüge der Lehre Wundts
- Zugang zum Psychischen gibt die Erfahrung, durch Sinnesreize
- diese sind experimentell zu untersuchen
- Erinnerungen, Gefühle, Stimmungen durch gezielte Selbstbeobachtung zugänglich machbar
- Wundts Interesse galt möglichen allgemeingültigen Gesetzmäßigkeiten, nicht interindividueller Differenzen
- **Elementenpsychologie** – Zerkleinerung des Bewusstseins in nicht weiter teilbare Elemente
- zentraler Begriff: **Apperzeption** (=Verschiebung eines Bewusstseinsinhaltes in das Aufmerksamkeitsfeld, innere

Willenshandlung)
- Prototyp aller psychischen Prozesse
- ist durch Experimente zu erforschen
- heute gilt die Elemetenpsychologie als unangemessen, aber für damalige Zeiten revolutionär und gut durchdachtes Gedankengebäude
- experimentelle Psychologie vielleicht deshalb so erfolgreich, weil anwendbar
- weitere Begriffe bei Wundt: Metaphysik und Voluntarismus
- Methoden: Grundlegende psych.Prozesse durch Experimente erfassen, höhere psychische Prozesse durch Beobachtung

Wissenschaftspolitik Wundts
- politisch aktiver Mensch
- Mitglied Arbeiterbildungsverein
- Abgeordneter im Badischen Landtag, Mitglied der Badischen Fortschrittspartei - liberale bürgerliche Partei
- setzte sich für Universitäten und Studierendenschaft ein
- revolutionäre Gedanken Wundts erforderten Geduld und Zähigkeit – Erfolge hart erkämpft
- ab 1810 wurden philosophische Vorlesungen Pflicht für das Studium mit Staatsexamen
- psychologische Hörer waren Gymnasiallehrer, ferner Juristen
- in Leipzig konnten Volksschullehrer noch das Abitur machen und studieren
- Wundt verstand es die Möglichkeiten der Hochschule für die experimentelle Psychologie zu nutzen
- Psychologie war weder ein Diplomstudiengang noch ein Prüfungsfach
- Wundt behinderte die Ablösung der Psychologie von der Philosophie (es gab viele Proteste der Philosophen!), während dies in den USA bereits geschah—erst Jahrzehnte später im deutsche Sprachraum

Wirkung der Leiziger Schule
- Wundt hinterließ ein **gewaltiges wissenschaftliches Werk** (53735 Seiten)
- **prägte den Charakter der Psychologie als wissenschaftliche Disziplin**
- prägte zahlreiche Schüler
- hat die Methodenlehre sehr begünstigt
- Experiment, Statistik und Geschichte versucht in die Psychologie zu integrieren
- hat den Eingang der empirischen Forschung in die Psychologie erreicht (durch viele Schüler, die es weitergetragen haben)

- **Bremste jedoch einige Bereich** z.B. Die Würzburger Schule
  ◦ gegen Ausweitung der Experimente auf höhere psych. Prozesse
  ◦ gegen angewandt-psychologische Fragestellungen, z.B pädagogische oder wirtschaftliche
  ◦ Behinderte mit der Völkerpsychologie die Entwicklung einer exp. Sozialpsychologie

- Völkerpsychologie erhielt **in den letzten Jahren Neubewertung**:
  ◦ Aktuelle Diskussion: Wundt „Psychologie sei eine empirische Geisteswissenschaft" = Ist die Völkerpsychologie eine geisteswissenschaftliche Psychologie oder ist sie allgemeine Grundlagendisziplin für alle Geisteswissenschaft und damit Vermittlerrolle zwischen Geistes- und Naturwissenschaft? Wundt schuf sowohl experimentelle als auch geisteswissenschaftliche Methoden

- **Ignorieren interindividueller Persönlichkeitsmerkmale** (Arbeiten von Binet, Galton wurden nicht aufgegriffen)

b) Würzburger Schule

befreite sich aus dem einengendem Methodenrepertoire der Leipziger Schule, die allgemeine Introspektion ablehnte und somit Denkprozesse nicht erforscht werden konnten

- **Vertreter: Oswald Külpe, Karl Bühler, Karl Marpe**
- Name „Würzburger Schule" nach Külpes Lehr- und Forschungsstätte
- Külpe hat bei Wundt studiert und war 8 Jahre sein Assistent
- **psychologische Grundbegriffe:**
- **Seele, Ich, Subjekt, Bewusstsein**
- **Seele als etwas Ganze**s, dass eine Tendenz, ein **Ziel** hat; übrige Teile werden ausgeschaltet oder untergeordnet
- Methoden: Erfahrung, systematische und experimentelle Selbstbeobachtung bei Denkprozessen (**Introspektionsmethode**)
- für brauchbare Ergebnisse Ausbildung der Vpn zu Selbstbeobachtern
- **Ergebnisse wichen von der Wundtschen Bewusstseinspsychologie ab**

1. viele Gedanken haben unanschaulichen Charakter
2. das Denken ist bei vorgegebenen Zielen zielgerichtet
3. der Gedankenverlauf wird durch unbewusste Kräfte gesteuert „determinierende Tendenzen" (Narziss Ach)
4. bei Problemlösung stellt sich manchmal ein Aha Effekt ein (Karl Bühler 1908)

Bühler- Wundt Kontroverse
- Kontroverse wirft grundsätzliche Fragen über Aufgaben und Methoden der Psychologie auf, die heute noch gültig sind
- **Karl Bühler**: erkennt Selbstbericht von Probanden über die eigenen Denkprozesse als wissenschaftliche Methode der Datengewinnung an
- **Wundts** Vorwurf: Scheinexperimente, weil Vpn nicht in der Lage ist Eintritt des zu beobachteten Sachverhalts zu bestimmen, die Erscheinung zu beobachten, den Versuch zu replizieren oder Bestandteile des Versuchs zu modifizieren (**fehlende Validität**)

Würzburger Schule – Einfluss auf die Gestaltpsychologie
- machte eine kognitive Psychologie erst möglich
- in letzter Zeit Wiederentdeckung der Selbstbeobachtung (Attributionsforschung, Handlungspsychologie)

c) Gestalt- und Ganzheitspsychologie

- **Hauptthese: Das Ganze ist mehr als die Summe seiner Teile (Übersummativität)**
- Hinwendung zum ganzheitlichen holistischen Denken, Hochzeit um 1920, prägte das gesamte 20.Jhrd.
- **Hauptvertreter: Max Wertheimer, Wolfgang Köhler, Kurt Koffka**
- Beispiel: Arzt Bismarcks Ernst Schweninger lehnte Diagnosen ab und plädierte für Einheit von Leib und Seele (Bismarckheringe)
- **Georg Groddeck**: Begründete Psychosomatik auf Grundlage Schweningers und Freuds Betrachtungen
- wichtigstes Arbeitsgebiete: das Optische
- phänomenologisches Vorgehen: Individuum nicht ganzheitlich wahr- Methode muss diesem Gesichtspunkt folgen
- dynamischer Charakter menschlichen Verhaltens

Grazer Schule
- österreichische Philosophen und Psychologen, Gründer **Alexius Meinong** 1853-1920 Philosoph und **Christian von Ehrenfels** (1853-1920), **Fritz Heider** (1896-1988 =

Attributionsforschung)
- **Produktionstheorie**
  - **Meinong:** Komplexionen: die Summe der Einzelteile gebe eine Gesamtheit, die Gesamtheit ist jedoch nicht nur durch die Einzelteile erklärbar. Dies geschieht durch Aktivität des Betrachters. Durch die Aktivität entsteht ein gesamtheitlicher Eindruck
  - **Ehrenfels**: einzelne Töne aneinandergereiht ergibt eine Melodie. Die Töne eine Oktave höher ergeben immer noch dieselbe Melodie
  - **Benussi**: sucht experimentelle Bestätigung für die Produktionstheorie; er fand heraus, dass bei unklarem Reizmaterial die Wahrnehmung von Gestalten kein automatischer Vorgang ist, sondern von Erfahrung, Training, von Persönlichkeit, innerer Haltungen (Einstellungen) abhängt
- **Fritz Heider** 1896-1988 = **Attributionsforschung**, auf Grazer Schule zurückzuführen, Ursachen von Ereignissen im Leben von Menschen. Begriffe wie Fremd- oder Selbstattribution sind für die Sozialpsychologie, die Pädagogische oder die Klinische Psychologie wichtig. Es sind Einstellung zu Erfolg oder Misserfolg und das daraus resultierende Verhalten, was unterschiedlich ist, je nachdem, ob man die Ursache des Ereignisses bei sich selbst sieht oder in der Umwelt (Situation)

Frankfurter/Berliner Schule:
- **Begründer: Wertheimer, Köhler und Koffka**
- Städte: Frankfurt, Berlin, Giesen
- **Beginn 1910-1912: Max Wertheimer** Studien über das Sehen von Bewegung:
das **Phi-phänomen**: Wahrnehmungstäuschung, durch die Aneinanderreihung von Standbildern eine Bewegung wahrgenommen wird.
- Gestalten ist ganz ursprünglich
  - Nicht der Mensch schafft Gestalten
  - Gestalten sind die Grundeinheiten der Seelenlebens
- Untersuchung bereits 1910 durchgeführt.
  - Vpn in schneller Abfolge abwechselnd zwei Reize gezeigt, es entstand eine Scheinbewegung
  - nachdem den Vpn der Effekt erklärt wurde verstärkte er sich
  - Vpn sollten detailert ihre Wahrnehmung beschreiben

- **Koffka**: Unableitbarkeit der Gestalt
  - nicht von Empfindungen ableitbar
  - Wahrnehmungsganzes/ Gestalt sei von physiologischen Prozessen begleitet, die nicht auf Teilsachverhalte reduziert werden können
  - verlegte Reizbegriff vom Wahrnehmungsorgan auf den Wahrnehmungsgegenstand, das Wahrnehmungsfeld
  - eifrigster Verfechter der GP in den USA

- **Köhler** versuchte ältere Sinnesphysiologie von Helmholtz zu widerlegen
  - **Untersuchungen am Menschenaffen**
  - **1913 in Teneriffa** Station für Affen eingerichtet
  - Untersuchung der psychischen Eigenschaften der Tiere in lebensnahen Bedingungen
  - 1914 wurde Köhler Leiter der Station
    - Ergebnisse;
  - Schimpansen sind in der Lage komplexe Aufgaben zu lösen
  - Stapeln Kisten aufeinander um ziel zu erreichen,
  - benutzen Stock um an Bananen zu kommen
- zum Teil gefilmt

- **Theoretische Erklärung**: Verhalten wird nicht zufällig sondern plötzlich gezeigt

- ○ Ziel und Hilfsmittel bilden eine Gestalt
- ○ die Erkenntnis dieser Gestalt ist nach Köhler Einsicht
- • aufgrund des 1.WK konnte Köhler die Insel bis 1920 nicht verlassen, aufgrund der Niederlage Dtls. Und der folgenden Inflation wurde die Station geschlossen

→ Forschung große Auswirkung auf die Psychologie des Problemlösens und Verhaltensforschung

- • **Köhler** gilt als Naturwissenschaftler unter den Psychologen
- ○ versuchte Jahrzehnte lang nachzuweisen, dass nicht nur die Wahrnehmung sondern auch die Hirntätigkeit nach funktional äquivalenten Gestaltprinzipien geordnet ist (***Ismorphiepostulat***)
- ○ 1922 übernahm nach Stumpf die Leitung des Psychologischen Instituts in Berlin→ Blütezeit der Gestaltpsychologie begann, 2 weitere Städte gestaltp.Forschung:
- • 1918 Kurt Koffka in Gießen
- • 1929 Max Wertheimer in Frankfurt
- – Psychologe noch kein Berufsfeld, Studenten studierten es als Luxusfach mit Ziel Promotion
- – obere Mittelschicht, viele Frauen und Ausländer, politisch links
- – 1933 Emigration von Wertheimer und Lewin in die USA
- – neue Köpfe in Dtld.: **Wolfgang Metzger, Kurt Gottschaldt, Edwin Rausch**
- – in den USA war der Gegner nun der Behaviorismus, Verbreitung dort lief zögerlich
- – in der Nachkriegszeit in Dtld. eher Behaviorismus (Lerntheorien), Diagnostik und experimentelle Sozialpsychologie und Psychotherapie

<u>Die Leipziger Schule der Ganzheitspsychologie</u>
- • zweite Leipziger Schule oder auch „Genetische Ganzheitspsychologie"; **Felix Krueger** (Schüler von Wundt)
- ○ Gefühle seien Gestaltqualitäten im Sinne von Ehrenfels
- ○ Erweiterung seiner Theorie zu **„Theorie der Komplexqualitäten"**
- ○ setzte sich sehr von Wundts Elemententheorie ab
- ○ Kritik an:
- • Würzburger-Schule: Unterschätzen Gefühle
- • Berliner Schule: Vernachlässigung des Gefühlsmäßigen an den Erlebnissen und dispositionellen psychischen Strukturen und Mangel an planmäßigen genetischen Fragen
- ○ neigten dazu die eigene Theorie in die Dienste der Machthaber zu stellen (Nazis)
- • **Sander**: glaubte im Judentum das parasitisch wuchernde Gestaltfremde erkennen zu können

d) Die Feldtheorie
- • ganzheitlicher Charakter und Betonung von Dynamik und Interdependenz von Wahrnehmung, Erleben und Verhalten
- • **Kurt Lewin** und **Tolman**, aus der Gestaltpsychologie heraus, besonders für Sozialpsychologie wichtig
- • **1917 Kurt Lewin „ Kriegslandschaften"** Beginn der Feldtheorie
- • Zentrale Begriffe: Grenze, Zone und Gerichtetheit

a) Grundzüge der Feldtheorie
- • „ Feldtheorie des Lernens" 6 Charakteristika der FT:
- ○ **1. konstruktive Methode**: „konstruierende" Methode
- ○ **2. Der dynamische Ansatz**: Entwicklung von Konstrukten und Methoden, die dem Verhalten zugrunde liegenden Kräften behandelt
- ○ **3. Der psychologische Ansatz:** Beschreibung des Feldes, indem Indiviuum lebt, in seiner Art und Weise, wie es zum gegebenen Zeitpunkt auf die Person wirkt (Entwicklung von Konstrukten und operationalisierten Definitionen)
- ○ **4. Ausgang von der Analyse der Gesamtsituation**: danach spezifizierende Analyse

- 5. Das Verhalten als Funktion des je gegenwärtigen Feldes
- 6. Mathematische Darstellung psychologischer Situationen

Wichtig! Experimente zu autokratischer und demokratischer Führung, Ende der 1930er

b) Konflikte
Zentrales Thema für Lewin: Konflikte und deren Bewältigung
- **1. Appetenz-Appetenz- Konflikt:**
- zwei positiver Aufforderungscharakter von annähernd gleicher Stärke
- **2. Aversion-Aversions-Konflikt:**
- wenn Entscheidung zwischen zwei negativen Aufforderungscharakter
- **3. Appetenz-Aversions-Konflikt:**
- ein negativer und ein positiver Aufforderungscharakter liegen vor (Kind will Hund streicheln vordem es Angst hat)

Konfliktsituationen werden durch die Umwelt des Individuums (von ihm wahrgenommene Umwelt)bestimmt.

c) Lebensraum und Topologie
- universelle Verhaltensgleichung $V=f(P,U)$
  - V *Verhalten*, f *Funktion*, P *Person*, U *Umwelt*
- Verhalten ist eine Funktion des Lebensraumes
- Betonung der Gegenwart
- Psychische Eigenschaften können im Bezug auf die Eigenschaften des sozialen Systems, dass zur Zeit des Eintretens dieser Ereignisse besteht, erklärt werden.
- Vergangene Erlebnisse sind insofern wichtig, wie sie auf das heutige Verhalten wirken

d) Feldtheorie und Entwicklung
- Lebensraum eines Kindes ist kleiner und weniger differenziert
- Bewegungsspielraum des schwachbegabten Kindes kleiner als des normal Begabten
- in der Jugend öffnen sich Bereiche des Lebensraumes, die bisher nicht zugänglich waren
  - Bereiche, die für Kinder sind, schließen sich
  - diese Umstrukturierung des Lebensraumes führt zu Unsicherheiten und Konflikten
  - psychoanalytisch Anteile:
  - **Regression:**
  - Rückkehr von differenzierter zu weniger differenzierten Punkten psychischer Entwicklung
  - Beispiel: bei hohen Belastungen Rückkehr zu primitiverer Niveau (in Experimente bestätigt)

e) Aktionsforschung
- geprägt durch **Kurt Lewin**
- **1947** in USA, erst **ab ca. 1970** in der **BRD**
- Ursprung in Sozialpsychologie, später weiter gefächert
- hat eher allgemeinen Charakter
- 3 Säulen: Forschung (Ist Zustand), Interventionen und Training (dauerhafte Veränderung)

e) Psychoanalyse Sigmund Freud

Biographisches:
- (Freud vernichtete mehrfach seine Schriften, Freuds Familien hielt lange Briefe u.a. wichtige Dokumente zurück, wehrte sich Zeit seines Lebens gegen eine Biographie)
- 1856 in Freiburg in Mähren geboren
- Vorname Sigismund Schlomo, wechselt Name mit 22 Jahren
- Vater 41 Jahre älter, Mutter 21 Jahre älter
- Vater bringt bereits zwei Söhne mit in die Ehe, wovon einer 1 Jahr älter ist als Freud
- Vater Stoffhändler, Betrieb durch Wirtschaftskrise ruiniert
- 1860 siedelt Familien nach Wien um

- 1873 Studium der Medizin in Wien, promoviert 1881, habilitiert 1885 in Neuropathologie
- 1886 Stipendium Gastsemester bei Pariser Jean Martin Charcot
  - Hysterie und Epilepsie, durch Hypnose herbeiführbar
- arbeitete in Bereiche Physiologie und Pharmakologie, experimentierte z.B. mit Kokain
- erhielt Unterstützung von Joseph Breuer
- er entdeckte: Hysterische Symptome können verschwinden, wenn durch Hypnose Traumata erinnert und unter Gefühlsausbrüchen abreagiert werden
- Fall Anna O. - Hysterikerin
- Entwicklung „kathartische Methode", Abwendung zur Hypnose
- nach Tod des Vaters persönliche Krise
  - Beginn der Selbstanalyse, u.a. Traumdeutung
- 1886 Eröffnung freier ärztlicher Praxis in Wien, ab 1891 in der berühmten Berggasse 19
  - arbeitet dort 50 Jahre bis zur Emigration
- 1900 „Traumdeutung"
  - Durchbruch der Psychoanalyse
- 1901 „Zur Psychopathologie des Alltagslebens"
  - Vergessen, Versprechen, Vergreifen in Verbindung mit unerfüllten Wünschen (Freudsche Fehlleistung, Freudscher Versprecher)
- 1902 beginnt die Mittwochsgesellschaft; eine Gruppe interessierter Personen mit denen Freud seine Ergebnisse diskutierte; aus dieser Gruppe entsteht später die „Wiener psychoanalytische Vereinigung"
- 1909 Verbreitung der PA in den USA durch Besuch Freuds bei Stanley Hall; er und Jung erhielten Ehrendoktortitel, dort akademische Verbreitung der PA
- gründete den „Internationalen Psychoanalytischen Verlag", dort erscheinen seine eigenen Schriften, er erhält dadurch viel Macht
- Freud ist bemüht seine Lehre rein zuhalten und Abweichung zu unterbinden, Bruch mit vielen Schülern wie Adler und Jung
- 1920 Gaumenkrebs; trotzdem Entwicklung der strukturellen Persönlichkeitstheorie des Es, Ich und Über-Ich
- 1933 Schriften Freud durch Nazis öffentlich verbrannt
- Psychoanalytiker in Dtl. praktizieren heimlich weiter und modifizierten die Bezeichnung PA
- 1938 marschieren Deutsche in Österreich ein
- Anna Freud wird festgenommen
- Psychoanalytisch Vereinigung wird liquidiert
- Freud emigriert durch Freunde nach London
- stirbt 1939 in London
- später werden 4 einer Schwestern in Auschwitz ermordet

Problemgeschichte der Lehre
- Begriff Psychoanalyse hat mehrere Bedeutungen:
  - 1. eine Theorie vom menschlichen Verhalten und Erleben
  - 2. Methode zur Erforschung psychischer Prozesses
  - 3. Methode zur Behandlung psychischer Erkrankungen
  - 4. Historisch-gesellschaftliche Bewegung
- **Entwicklung der psychoanalytischen Theorien:**
  - **1. Voranalytische Phase**
- ab Freud Promotion bis zur Selbstanalyse
  - **2. Zeit der Traumatheorien**
- Neurose Ergebnis früher Traumata
- später Annahme von Ödipuskomplex, Penisneid und Kastrationskomplex
  - **3.Topographische Theorien**
- Beginn mit Traumdeutung um 1900

- Bewusstes, Unbewusstes, Vorbewusstes
- Theorie der frühkindlichen Entwicklung
  - **4. Strukturelle Theorie:** Es, Ich, Überich
- Theorieentwicklung am Beispiel Aggression:
  - 1.) **Aggression** – kein eigener Trieb, tritt instrumentell als Begleiterscheinung zur Libido auf um Hindernisse auf dem Weg zum Lustgewinn zu überwinden
    - Reaktion auf Frust oder Hindernisse
    - Bemächtigungstrieb des Sexualtriebes --- Sadismus
    - bei Masochismus sei es eine Fehlentwicklung
    - 30 Jahre später wird in Yale die Theorie aufgegriffen und die „Aggression-Frustrations-Theorie" aufgestellt
  - 2.) **„Trieb und Triebschicksale"1915**
    - Ich: Sitz menschlichen Hasses
    - Es: Sitz von Eros (Lebenserhaltung) und Thantos (Todestrieb)
  - 3.) **Katharsis Hypothese:** (heute noch umstritten)
    - Aggression ist naturgegeben und unvermeidbar
    - Erziehungsprozesse für Steuerung der Aggression wesentlich
    - Aggressionen sollen ausgelebt werden „Dampf-Ablassen"
    - allerdings nur in sozial gebilligten Orten
    - Reduktion aggressiven Verhaltens aus heutiger Sicht durch:
    - zeitlicher Abstand, Art der Aggressionsverursachung, Möglichkeit zur Vergeltung, Schuldgefühle, Macht usw.

Erkenntnistheoretische Grundlagen der Psychoanalyse
- Freud sperrte sich gegenüber experimentellen Untersuchungen, standardisierten Tests und gegen Begleitforschung zur Überprüfung des Therapieerfolgs
  - Psychische Realität kann nicht in Experiment erfasst werden
- Psychoan.Deutung hat große Ähnlichkeit mit hermeneutischen Interpretationen, bezieht sich allerdings auf das gesprochen Wort
- nahm auf akademische Wurzeln der Psychologie keinen Bezug, dies lag am methodischen Zugang
- Ähnlichkeit Freuds mit Nietzsche, Schopenhauer, Eduard von Hartmann
- Freud hatte Vorbehalte gegenüber der akademischen Psychologie; umgekehrt distanzierte Haltung gegenüber Psychoanalyse
- Kontroverse „Breslauer Aufruf" gegen die Psychoanalyse, Anführer Wiliam Stern
- Warnung vor Kinder- und Jugendpsychoanalyse, Anlass „Der kleine Albert", Fall Hermine Hug-Hellmuth, Analytikerin, die von ihrem Neffen ermordet wurde
- Unheilbarer Schaden durch Psychoanalyse verursacht
- PA hat nichts mit Wissenschaft zu tun

Grundzüge der Triebmechanik
- zentraler Begriff : Verdrängung
  - bewusster Vorgang und wichtigste Form der Abwehr

Grundzüge psychoanalytischer Diagnostik
- Zugänge zum Vor- und Unbewussten über Deutung von Fehlleistungen, Kindheitserinnerungen, Traumsymbolen
- Freie Assoziation
- Freud war gegen Verbindung von Diagnostik und Therapie
- seine Schüler entwickelten auf Grundlage der PA-Lehre Tests: Hermann Rorschach – *Rohrschachtest*, Hans Zulliger – *Modifizierung des Rorschachtest* für Gruppen, Leopold Szondi – *Szondi-Test*, Saul Rosenzweig – *Rosenzweig*

f) Individualpsychologie Alfred Adler

Biographisches:
- geboren 1870 in Wiener Vorort als zweites von sechs Kindern
- Vater, jüdischer Getreidehändler, finanziell schwierig
- A. hatte viele Erkrankungen als Kind, dadurch eher untersetzte Gestalt
→ Lehre von Organminderwertigkeit/ eigenes Bestreben, das Gefühl der Minderwertigkeit zu überwinden (Organe, chassidischer Jude)
- 1888 Medizinstudium, eröffnete Praxis für Allgemeinmedizin für Unter- und Mittelschicht
- gehörte Sozialistisches Studentenbund an
- Einladung Sigmund Freuds 1902 zur Mittwochsgesellschaft
- einer der aktivsten und eloquentesten TN
- A.s Schriften fanden Anerkennung bei Freud
- 1910 Präsident der Wiener Vereinigung für Psychoanalyse
- 1911 Differenzen mit Freud, Trennung
- scharfe Kritik an Freuds Sexualtheorie
- 1911 Gründung Verein für freie Analyse, später vergleichende Individualpsychologie
- Begriff Individualpsychologie gewählt im Gegensatz zu Freud zerlegender (analyt.) Psychologie, Betonung der Unteilbarkeit des Individuums
- strebte Habilitation an, wurde jedoch durch ein Gutachten zu Adlers Lehre nicht möglich
- hielt trotzdem viele Vorträge und Seminare, vor allem für Lehrer und Erzieher
- begnadeter Redner
- Wiener Schulreform 1920 eng mit der IP verbunden
- es entstanden 30 Erziehungsberatungsstellen, die kostenfrei arbeiteten
- Adler beriet auch,;erstaunlich: vor Publikum (Auditorium durfte Mutter und Kind fragen und Ratschläge geben)
- 1932 Gastprofessur in USA, 1936 emigriert, 1937 tot während Vortragsreise

Grundzüge der Lehre
- beeinflusst von **Nietzsche** (Minderwertigkeitsgefühl), Jan Christian **Smuts** (Menschheit existiert nur mit Fiktion) und Hans **Vahinger** (Holismus)
- Adler bezieht sich wenig auf Psychologen seiner Zeit
- gewisse Wertschätzung gegenüber Gestaltpsychologie für die ganzheitliche Sicht und Ablehnung des elementaren Denkens
- anerkennende gegenüber Stern bzgl. Betonung der teleologischen Grundannahme
- Vertrat: menschl. Streben nach Glück, Gemeinschaft und Vollkommenheit (nimmt Grundzüge der humanistischen Psychologie)
- Schlagworte: Minderwertigkeitskomplex, Machtstreben und männlicher Protest
- Menschenbild: ganzheitlich (holistisch) und dynamisch-zielorientiert (final)
- Mensch möchte Mängellagen überwinden; Macht, Anerkennung, Glück und Vollkommenheit erlangen
- 1907 „Studie über Minderwertigkeit von Organen"
- medizinischer Aspekt: Ausgleich von Organminderwertigkeit (Funktion einer schwächeren Niere wird durch verstärkte Leistung der anderen ausgeglichen)
- Überkompensation: es kann zu besonderen Leistungen kommen: Maler mit Sehfehler, Musiker mit Hörfehler
- Neurose ist Form der Überkompensation, die unnütz ist --- Fehlkompensation
- Minderwertigkeit ist Quelle für menschliches Streben
- Minderwertigkeit kann organische oder soziale Ursachen haben

- auch Individualpsychologen mussten in der Nazizeit emigrieren
  - es kam zu einer schneller Verbreitung der IP in den USA

- in der BRD erst in den 60iger Jahren (Renaissance der IP)
- durch seine Kinder und Adler-Schüler

g) Analytische Psychologie nach C.G. Jung

Biographisches
- 1875 als Sohn eines Pfarrers geboren, stirbt 1961 in Küsnacht
- studierte Medizin
- ging 1900 nach Burghölzli zu **Eugen Bleuler** (Autismus und Schizophreni)
- 1902 Promotion in Paris
- arbeitete als Stationsarzt und machte Experimente zu pathologischen und normalen Wortassoziationen
- 1905 Habilitation und kennenlernen der Schriften **Freud**s, 1907 persönliches kennenlernen
- wird Freuds „Kronprinz", Vater-Sohn Beziehung
- 1909 Traumdeutung untereinander
  - Freud kann die Träume Jungs mit vielen Symbolen nicht richtig deuten
  - 1912 „Wandlungen und Symbole der Libido" führt zum Bruch mit Freud
  - wendet sich von der Psychoanalyse ab und entwickelt in den Folgejahren eigene Richtung der TP, die AP
  - 1933-1940 Professor in Zürich
  - Zur Nazizeit greift Jung Freuds Psychoanalyse als Irrlehre an

Grundzüge der Lehre
- kein systematischer Überblick möglich
- wichtig aber: Bezug zu Mystik, Träume und Kulturen
- Libido ist für ihn eine allgemein Lebensenergie, nicht nur Triebtheorie
- kollektives Unbewusstes: - allen Menschen innewohnend, über Träume und Traumsymbole erreichbar

- Archetypen: - sind nicht eindeutig definiert
- vererbte Möglichkeiten von Vorstellungen, Urbildern u.a.
- Beispiel: Schatten, Schlange, Riese, Zauberer, etc.
- vererbte Instinkte und tradierte Kulturwerte
- sind „Kernstück menschlicher Lebensbewältigung"

h) Behaviorismus
- vor allem in den USA vorherrschende Richtung, 1956 Untersuchung in Bonn belegt dies
- in Dtl. gab es nie die absolute Dominanz des Behaviorismus
- Einfluss des B. heute in Methodologie, vor allem im Bereich der Lerntheorien und deren Anwendung (Verhaltenstherapie)
- Begriff von James Angell, zuerst **genutzt 1913 von Watson**
- Wurzeln in der deutschen und russischen Physiologie des 19. Jhrds. und philosophischen Strömungen Amerikas
- **Experimentelle Tierpsychologie und Reflexologie**
- **Pawlow** 1901 Reflexversuche
  - 1904 Nobelpreis
  - bedingter und unbedingter Reflex
- unbedingter Reflex: vermehrter Speichelfluss, wenn Säure im Mund eines Hundes, Lidschlagreflex
- bedingter Reflex: Speichelfluss, wenn Hund Nahrung sieht. Nicht angeboren, erlernt
- 1905 bekanntes Hundeexperiment
- bedingter Reflex

- **Konditionierung**
- **Löschung: häufige** Wiederholung des unbedingten Reizes ohne Folge führt zu Löschung, es kann jedoch zu spontaner Erholung und schnellem Neuerlernen kommen
- **Edward Lee Thorndike**, vor 1900
  - Tierexperimente: Lernen durch Versuch und Irrtum, „Effektgesetz"
  - Katzen: Käfige in denen Hebel, Zugseile etc. bedient werden müssen, um heraus zu kommen. Katze kommt zufällig durch den Versuch zur Lösung. Tier absolviert Aufgabe immer schneller. Lernerfolg wurde durch befriedigende Reaktion verstärkt, bzw. durch unbefriedigende R. geschwächt
- **Wolfgang Köhler 1917**
  - bezog sich auf Thorndike
  - Untersuchte intelligentes Verhalten von Menschenaffen
- einfachere Aufgaben, z.B. Werkzeuggebrauch um an Futter zu kommen
- Erklärung des Verhaltens: Einsicht

Programm und Utopie des Behaviorismus

- **Watson**
  - Interessierte sich für Psychoanalyse, sah diese jedoch als unvollkommen an, keine streng wissenschaftlichen und messbaren Methoden
  - Psychologie soll zur Naturwissenschaft werden, die sich nur auf beobachtbares Verhalten beruft
  - 1915 Präsident der American Psychological Association
  - zwischenzeitlich Psychodiagnostik als Militärpsychologe im 1.WK
  - bezog sich auf **Pawlow**
- Experiment **„ Der kleine Albert"**, weiße Ratte
  - 11 Monate altes Kind
  - Ziel: Erzeugung einer Phobie
  - setzte Konditionierungstechnik ein
  - Phobie bezog sich nicht nur auf weiße Ratten, sondern auf Kaninchen, Hunde, einen Pelzmantel
- Einschätzung aus heutiger Sicht:
  - nicht repräsentativ, keine Kontrollbedingungen, keine Phobie im klinischen Sinn
  - ethisch äußerst verwerflich, grausam
  - Behaviorismus in USA in den 20iger Jahren vorherrschend
  - Watsons Laufbahn bekam ab 1920 einen Knick (Gerüchte um sexuallpsych. Versuche)
- warnt vor zuviel Mutterliebe, Kinder sollen von einem Elternpaar zum nächsten wechseln, dass keine falschen Gewohnheiten und Bindungen entstehen
- trug später hemmungslos Euthanasiepläne vor
  - vertrat eine radikale Milieutheorie (Kind, egal mit welchen Voraussetzungen zu Wissenschaftlern, Bettlern, Künstlern etc. machen) – damit entstand Chancengleichheit

Erweiterung und sozialtechnische Umsetzung

- großer Einfluss von Pawlow
- im Vordergrund für die Institutionalisierung behavioristischen Denkens war die Nutzeranwendung für Erziehung und Psychotherapie
  - Köhler in den USA wenig bekannt, dafür aber Guthrie und Hall
  - **Guthrie**: erkannte Bedeutung räumlichzeitlicher Nähe von Reiz und Reaktion
  - **Hull**: Verstärkungstheorie des Lernens, Lernen am Erfolg
- Lernvorgang hängt von Auftreten des Reizes und vom Organismus(z.b. Bedürfnissen)ab
- **S-R- Schema**: auf Reiz folgt Reaktion
- **S-R-O- Schema**: durch **Woodworth** 1929, Reaktionsbereitschaft hängt von Organismus ab
- Organismus jedoch nicht messbar und manipulierbar
→**Modell: Black-Box** = innerpsychische Prozesse

- **Skinner** – gehört zu den Lerntheoretikern **Hull, Guthrie** und **Tolman**, hat aber auch die praktische Anwendung der Lerntheorien bis in die Gegenwart geprägt
  - Unterscheidet zwischen:
    - Typ-S Konditionierung (**klassische Konditionierung**)
    - Typ- R Konditionierung (**operante Konditionierung**)
    - Prägte Schlagwort **Verstärkung**
    - Skinnerbox , Taubenexperiment
    - Erfinder der „ Programmierten Unterweisung", „Token economy"=Verstärkung gewünschten Verhaltens mit Rosinen, Bonbons etc.
- es gelingen bemerkenswerte Verhaltensänderungen!
  - In der BRD erst ab den 60iger Jahren, stieß dann auf viel Kritik durch Studenten(27 Thesen): (Machtinstrument gg. Kindern und Hilflosen, fehlende Überprüfung ob über gesellschaftlich relevant, Erhaltung von Herrschaftlichen Interessen, etc.)
    - Skinner begegnet Kritik offen, Werk „Jenseits von Freiheit und Würde" 1971
- fordert Ideale zu überdenken, da Verhalten immer kontrolliert würde
- Behaviorismus steht nicht außerhalb sozialer Systeme
- Techniken der Verhaltensanalyse sollten nutzbringend eingesetzt werden
- aber: Wer kontrolliert die Kontrolleure?

Pawlow und Watson- klassische Konditionierung
Thorndike - Operante Konditionierung

Theorien des sozialen Lernens
- **Neobehaviourismus**: gleiche Reize rufen NICHT gleiche Reaktionen hervor
- **Albert Bandura** 1974: Verstärkung wirkt nicht automatisch. Konditionierte Reaktionen seinen ein Mythos, erst wirksam, wenn sie einen Zusammenhang erkennen
- 1932 wies bereits **Tolman** darauf hin, dass Verstärkung nicht automatisch geschehe
  - kognitive Lerntheorie: nicht nur S-R Lernen sondern cognitive maps
  - durch Erfahrung gebildet
  - kognitive Wende führte zu Würdigung seiner Theorie
  - **Lernen an sozialen Modellen:**
    - Kennenlernen von Verhaltensmöglichkeiten und deren Folgen

i) Kulturhistorische Schule
- folgende Autoren seltener in Lehrbüchern zu finden, möglicherweise Misstrauen aus politischen Gründen
- Entwicklung dieser Theorie nach der Oktoberevolution in Russland
- Reflexologie – entstanden durch **Pawlow, Setschenow, Bechterew**
- keine Theorie, die dem Marxismus verpflichtet war
- Kulturhistorische Schule
  - ab ca. 1925 Versuche der Verbindung von Marxismus und psychologische Theorien
  - Schüler von Konstantin **N. Kornilow: Leontjew, Luria** und **Vygotskij**
- **Leontjew** – um menschliche Orientierung zu verstehen, müssen menschliche Entwicklung und persönliche Lebensentwicklung mitberücksichtigt werden
- **Luria** reiste nach Usbekistan und Kirgisien – Untersuchung psychischer Fähigkeiten, die mutmaßlich auf einer früheren soziokulturellen Entwicklungsstufe standen
- **Vygotskij** – setzte sich für behinderte Kinder ein , studierte westliche Psychologie und stellte eigene psycholinguistische Theorie auf (1934)
  - nahm Bezug auf:
  - Tierexperimente von Köhler und Yerkes
  - Entwicklungspsychologie Sterns und Piagets
  - Denken und Sprechen hat phylogenetische Wurzeln

- Entwicklung des kindlichen Denkens verläuft vom Sozialen zum Individuellen
  - 4.7.1936 Pädologendekret der KPdSU – akzeptiert war nur noch die Reflexologie
- Vygotskijs Schriften wurden verboten
- „Denken und Sprechen" erst nach Jahrzehnten neu entdeckt, Studentenbewegung

4. Gegenwärtige Entwicklungen

- versuchen alle Behaviorismus zu überwinden
  - **kognitiv psychologische Richtung:** Wahrnehmung, Denken und Informationsverarbeitung abgehoben wird
  - **kritisch psychologische Richtung:** politisch gesellschaftliche Einbindungen herausgestellt
  - **humanistisch:** Suche nach Möglichkeiten der Selbstverwirklichung

Kognitive Psychologie
frühere Methapher:
- Descartes – Räderwerk (Gliedmaßen funktionieren, Herz ist Pumpe, Nervenbahnen sind Stromleitungen etc.)

a) Die Computer Metapher
- Mensch als Roboter
  - menschliche kognitive Fertigkeiten
  - Metapher ist zum Denk- und Sprechmuster in der Psych., Linguistik und Kognitionswissenschaften geworden
  - Informationsgesellschaft, im Mittelpunkt der Computer
  - Gefahr: Mensch ist programmierbar, Schwächen und Fehler nur Programmierfehler

b) Kognitive Wende:
- 1960 **Miller, Galanter, Pribram** „Plans and structur of human behaviour"
- **Kybernetik**
- Kybernetische Systeme haben
- Ziele (Sollwerte)
- Verfügen über Wissen (Speicher)
- Und verwenden zur Zielerreichung Pläne (Computerprogramme)

Mensch reagiert nicht nur auf Reize, sondern verfolgt Pläne. Während des Handelns wird geprüft, ob angestrebter Endzustand erreicht ist.
→ Menschliches Handeln ist kompliziertes Netzwerk von Regelkreisen
Die Abkehr von einem Modell eines passiv reagierenden Menschen hin zu einem aktiv handelnden und wahrnehmenden Menschen wird als kognitive Wende bezeichnet.
→ **vom Behaviorismus zum Kognitivismus**
- revolutionäre Folgen vor allem für die Lerntheorien

Problem der Kognitionspsychologie: Kognitionen sind nicht ablesbar, sondern müssen erschlossen und erfragt werden.

c) Psychologische Handlungstheorien
- **Rubinstein**, Russe, zielgerichtete Tätigkeit des handelnden Menschen
  - Tätigkeit ist also hierarchisch organisiert und wird durch das Ergebnis bzw. Teilergebnis reguliert
- **Weiterentwicklung** in den **70er Jahren** durch **Winfried Hacker** und **Walter Volpert**, direkter Bezug auf Miller, Galanter und Pribram als Modell der hierarchisch sequentiellen Handlungsregulation und auf berufliche Tätigkeit angewandt.
- Die Vorstellung von Zielen, die von Menschen verfolgt werden, von Handlungsplänen, Teilzielen und Ergebniskontrollen erwies sich insbesondere für die Psychologie der Arbeit, des Sports, aber auch für die Psychotherapie als besonders geeignet, um die Struktur kognitiver Prozesse zu ermitteln & zu beeinflussen (z. B. durch Veränderungen im Arbeitsablauf). Berner Schule / Schule der naiven Handlungspsychologie teilt diese Auffassung.
  - Aber: Anders als bei Hacker & Volpert wird hier von Handlungen jeder Art ausgegangen und der Versuch der Entwicklung einer universell gültigen, möglichst voraussetzungslosen Theorie unternommen. Zahlreiche methodische Neuerungen, u.a. Selbstkonfrontationsmethode: Personen werden in einer Handlungssituation gefilmt, um danach bei Vorführung des in kurzen Abschnitten Handlungsabsichten, erinnerte Gedanken während der Handlung zu benennen. Diese Vorgehensweise erinnert an die Würzburger Schule. Aber nennenswerte Unterschiede in Zielsetzung, Art der Vpn, Instruktionen, Erfassungstechnik und Zeitpunkt der Befragung

d) Kritische Psychologie
- alle kritischen Wissenschaftsdiziplinen beziehen sich auf Karl Marx's Gesellschaftstheorie
- **1923 Gründung Institut für Sozialforschung in Frankfurt**
- **Adorno, Horkheimer, Fromm, Marcuse, Habermas**
- Untersuchung Wechselwirkung Kultur und Gesellschaft
  - Studien: Autorität und Faschismus
- 1933 durch Nazis geschlossen
- Wissenschaftler emigrierten, es entstand die „Frankfurter Schule"
- 1951 Wiedereröffnung
- **1961-65 Positivismusstreit**:
- Vertreter der Frankfurter Schule und Neopositivismus (Karls Popper, Hans Albert)
- **Neopositivismus**: Trennung von Werturteilen und wissenschaftlichen Sätzen
- **Frankfurter Schule**: Theoriebildung geht immer Erkenntnisinteresse voraus, immer auch von Herrschaftsinteressen bestimmt, Forschung ist teil der Gesellschaft. Forscher kann sich niemals außerhalb seiner selbst stellen- nur die Möglichkeit sein Verhältnis zu Forschung, Gesellschaft und Wissenschaft dialektisch mitzuteilen, emanzipatorisches Interesse zu bekunden
- in Psychologie war dieser Streit wenig beachtet (Beschäftigung mit Angleich an USA), implizit und explizit jedoch Neopositivistischer Haltung
- **1962/63 Vortrag von Hörmann „ Psychologie und Gesellschaft"**
  - Verbindung von Gesellschaft und Wissenschaft stellt der Psychologe selbst dar
  - Kritik durch **Klaus Holzkamp → Konstruktivismus** = heute kritische Psychologie, enge Verbindung zur Studentenbewegung
- forderte dialektisches Verhältnis zwischen Mensch und Gesellschaft
- nannte die von Hörmann vertretene P. als bürgerliche Psychologie
- kritisiert Methoden, Anwendung und Grundlagen
- Psychologie sei der marxistischen Gesellschaftstheorie untergeordnet
  - heute Annäherung geisteswissenschaftlicher, kritischer und bürgerlicher Psychologie

Humanistische Psychologie
- Wurzeln in USA

- Ähnlichkeiten zu Reformpädagogik und geisteswissenschaftlichen Psy.
- „Pädagogik vom Kinde" aus (Montessori, Petersen, Kerschensteiner)
- Nutzung phänomenologische Methode (Husserl, Lipp, Klage)
- Psychologe soll allem Seelischen ohne voreilige Deutung, Wertung und Kritik begegnen
- Fremd- und Selbstbeobachtung wichtig
- **Abraham Maslow** (Mensch strebt nach Selbstverwirklichung),
- **Charlotte Bühler** (Mensch strebt nach erfülltem Leben),
- **Carl Rogers** (Mensch ist von Natur aus gut und verfügt über Selbstheilungskräfte),
- **Fritz Perls, Sidney M. Jourard, Rollo May, Fred Massarik** etc.
- Kritik an behavioristischer Psychologie und Psychoanalyse
- im Mittelpunkt: Streben nach Anerkennung und Selbstverwirklichung
- **1961 Maslow** gründete „**Journal of humanistic psychology**", 1962 „**American association of humanistic psychology**"
  - 4 Thesen:
- 1. Im Zentrum steht die erlebende Person
- 2. Schwerpunkt auf spezifisch menschlichen Fähigkeiten des Menschen wie Kreativität, Wertschätzung, Selbstverwirklichung etc.
- 3. Fragestellungen und Forschungsmethoden richten sich nach der Sinnhaftigkeit (nicht der Objektivität)
- 4. Ziel: Aufrechterhaltung des Wertes und der Würde eines Menschen, Entwicklung der in jedem Menschen innewohnenden Fähigkeiten

Transpersonelle Psychologie
- Begriff geprägt von **Maslow** und **Stabislav Grof** (Ende der 1960er Jahre von Vertretern der humanistischen Psychologie in den USA).
- Sammelbegriff heterogener Ansätze
- Erforschung des Bewusstseins, einschließlich spiritueller Erfahrungen, Extase, Grenz- und Sterbeerfahrung
- verwendete Techniken: Mediation und bewusstseinsverändernde Substanzen
- Ziele der humanistische Psychologie, östliche Religionen, Psychologiesysteme wie Zen-Buddhismus, Yoga und Sufismus

5. Teildisziplinen der Psychologie

1.) Biologische Psychologie und Neuropsychologie

= interdisziplinäres Gebiet, in dem die Diagnose und Behandlung von Hirnschädigungen großen Raum einnimmt
- in den letzten Jahren enormer Aufschwung dieses Gebietes
- Bereiche: Physiologische Psychologie und Teilgebiete der Biologie
- **Leib-Seele-Problem:**
  - **Hermann Rudolf Lotze** (1817-1881)
- Versuch Physiologie und Psychologie zu verbinden
- 1852 Werk „Medizinische Psychologie oder Physiologie der Seele"
- Wechselwirkung zwischen Leib und Seele
  - Sitz der Seele?
- Suchte sie zunächst an gemeinschaftlichen Endigungsstellen aller Nervenfäden
- dann Zweifel an festem Sitz der Seele; sei beweglich im Gehirn
- erhoffte sich Antwort von nachfolgender Forschung

  - **Helmholtz**, Mitte 19.Jhrd.
- Annahme immaterieller Kräfte

- seine Arbeiten zu Nervenleiden und optische Wahrnehmung waren wegweisend
  - Themen nach und nach: Wahrnehmung, Vorstellung, Gefühl, Wille, Gedächtnis, Ästhetik...
- **Instinktgeleitetes Verhalten:**
  - **Wiliam James,** vor 1900 – (Begründer der Psychologie in den USA) 30 evolutionäre entstandene Instinkte
  - **Mcdougal** – erste Hälfte des 20.Jhrds.
- Antriebe zum Handeln sind die Instinkte
- entwickelte Instinktekatalog, der in viele weiterentwickelten Auflagen erschien
- Instinktpsychologie verändert sich zu einer Motivationspsychologie
  - keine weitere Erklärung von Verhalten außer, dass sie auf Instinkten beruht
  - setzte sich nicht durch
- **Evolutionäre Psychologie**, ab den **1980igern**
  - Menschen entwickelten überlebenssichernde Verhaltensweisen
- Erregung bei Gefahr, Eifersucht, Partnerwahl Bewertung von Attraktivität, Angst bei Dunkelheit etc.
- Thema also: Untersuchung und Erklärung dieser **evolvierten psychologischen Mechanismen** (EPM)
- **Anfänge der Neurowissenschaften**
  - **Franz Josef Gall, um 1900** – Arbeiten zur **Phrenologie** (Schädelkunde)
- versuchte geistigen Zustände und Fähigkeiten bestimmten Hirnregionen zuzuordnen
- Ausbildung bestimmter Eigenschaften an Schädelform ablesbar
  - **Anatom Paul Broca 1860**
- Patient Leborgne – konnte nur Silbe ‚Tan' sprechen
- nach seinem Tot wurde bei Obduktion eine Läsion im linken Frontallappen festgestellt
- Broca vermutete Sprachfähigkeit in linker Gehirnhälfte, anatomische Untersuchung bestätigte dies
- erst in den **1960iger Jahren** gelang die genaue Lokalisierung bestimmter Funktionen und Emotionen
- nach dem 2WK. Gebiet mit Lehrstühlen, Fachzeitschriften, Fachgesellschaften

2.) Psychodiagnostik und Persönlichkeitspsychologie

- PD entstand mit zunehmender Handlungsfähigkeit des Menschen
- nicht mehr wie im Mittelalter: Leben durch Geburt, Eltern und Wohnort vorbestimmt
- es entstehen viele Entscheidungskonflikte
- Psychodiagnostik geprägt von praktischen Zielsetzungen (Beruf des Kindes etc.)
- früheste psychodiag. Arbeiten von **Arzt Juan Huartes**
- 1575 „Prüfung der Köpfe zu den Wissenschaften" (Hilfe für Eltern bei Berufsentscheidung der Söhne), greift Temperamentlehre der Antike auf
- ging davon aus, dass die Meisten Berufe ausüben, die nicht ihren Fähigkeiten entsprechen
- rät zu Beratung durch Prüfer
- Ursachen für Begabungen: klimatorischen, humoralen und anderen Faktoren
- seiner Diagnostik fügt er eugenische und pädagogische Empfehlungen zu
- Huarte beeinflusste Herder und Lessing (Zeit:Aufklärung)
- **1775-78 Johann Caspar Lavater** „physiognomische Fragmente zur Beförderung von Menschenkenntnis und Menschenliebe"
- Entwicklung von **Physiognomik**:
  - bezeichnet man die „Kunst", aus dem unveränderlichen physiologischen Äußeren des Körpers, besonders des Gesichts, auf die seelischen Eigenschaften eines Menschen zu schließen
  - Zuordnungsregeln aufstellen (Schädelmessung, Personenbeschreibung etc.)
  - Physiognomik wird Modewissenschaft
- **Freiherr Adolph Franz Friedrich Ludwig Knigge**

- Schriftsteller und Aufklärer
- bekanntestes Werk **„Über den Umgang mit Menschen"** 1788
  - Buch wurde als Benimmbuch missverstanden
- orientiert sich auch an Typerlehre in der Antike (Choleriker, Phlegmatiker, etc.)
  - Typenlehre Knigges in ähnlicher Form im 20. Jahrhundert
- größte Übereinstimmung bei **Hans Jürgen Eyseneck** fertigte Koordinatensystem an (Introversion-Extroversion etc.)
- stützt sich im Unterschied zu Vorgängern auf standardisierte diagnostische Verfahren, die Hauptgütekriterien erfüllen
  - Entwicklung erster psychologischer Test um 1900
  - **Sir Francis Galton**, England „Das Messbare messen und das Nichtmessbare messbar machen."
- suchte Hinweise zur durchschnittlichen Leistungsfähigkeit
- von Physischem auf das Psychische schließen
- Sinnestests 1882
  - Amerikaner, **James McKeen Catell**
  - Schüler Wundts, besuchte Galton
  - veröffentlichte 1890 Buch über Intelligenztests
  - **Alfred Binet und Theodore Simon (1905 Binet-Somin-Test)**
  - erste kurze Testreihen für Kinder zwischen 3 und 15 Jahren
- 1894 Tests an Schulkindern
- 1903 Untersuchung an seinen Töchtern
- ordnete Aufgaben nach Schwierigkeitsgrad
- 3 Jähriges sollte die Hälfte der Aufgaben lösen können
- wenn 5 Jähriges nur Pensum eines 3 Jährigen schafft, hat es Entwicklungsrückstand von 2 Jahren(Lebensalter minus Intelligenzalter)
- vorallem in Dtl. Und USA erfolgreich
- wirkt sich auf Entwicklungspsychologie und Diagnostik aus
- Wundtschule griff Thema nicht auf
  - **Differenzielle Psychologie**
  - **Wiliam Stern**, häufig spekulativ
- setzte sich nach 1. WK für solide Psychodiagnostik ein, um Begabtesten Aufstieg zu ermöglichen
- Stern ermöglichte Verwendung von Binet-Simon -Test
- 1912 führt Intellgenzquotient (Quotient aus Intelligenzalter und Lebensalter) ein
  - nützlich für Schulbahnberatung
  - führte genaue Analysen durch
  - Intelligenzdiagnostik: Entscheidung für Schulform
  - **„Kritischer Personalismus"** reinste Form Sterns differenzieller Psychologie
  - Kernstück: **Konvergenzprinzip** (Verhalten ist Resultat aus Zusammenwirken von Begabungen und Außeneinflüssen)
- vermittelnde Position zwischen Anlage-Umwelt-Debatte
- Psychodiagnostik eng mit gesellschaftlichen Veränderungen verknüpft, z.b. Auslesemaßnahmen z.Z. des 1. WK in USA, Wehrmachtspsychologie in Dtl., Schul- und Bildungsreform der 60iger
- **Charakterologie 1910**,
- reicht bis Typologien in die Romantik zurück
- verbunden mit dem Namen Ludwig Klage
- verkündete in geisteswissenschaftlicher Tradition eine Ausdruckskunde
  - war beliebt bei Laien und Wissenschaftlern zugleich
  - sogenannter erster Eindruck von Stimme, Erscheinung etc, basierend auf unseren Erfahrungen
- **1914 Eduard Spranger**

- „Lebensformen" – Typologie, 6 bestimmende Werteformen (theoretischen, ökonomischen, ästhetischen, sozialen, politischen und religiösen)
- Geisteswissenschaftliche Herangehensweise mit Methode Hermeutik (Verstehen und Einfühlen)
- bis nach dem 2.WK sehr beliebt und beherrschend, heute sehr randständig
- **C.G.Jung:**
- 1921 erschien Darstellung: Introversion – Extroversion
- Introversion: zurückgezogen, zögernd, reflexiv, misstrauisch
- Extroversion: entgegenkommend, scheinbar offen, knüft leicht kontakte, unbekümmert
- stellt 8 reine Typen auf
- empirisch statistisch nicht belegt, jedoch zahlreiche beispiele aus Literatur und Praxis
- **Zur Beliebtheit der Charakterkunde:**
- aufkommende Ganzheitspsychologie
- Konstitutionslehre **Ernst Kretschmers**, Psychiater
- Beobachtung, dass bestimmte psychische Erscheinungsbilder mit Körperbauform einhergeht
- versch. Anthropometrische und korellationsstatistische Untersuchungen
- 1921 zwei Konstitutionstypen:
- pyknisch (bei Depression)und lepsomen (bei Schizophrenie)
- später noch athletisch
- Buch„ Körperbau und Charakter" über 20 Auflagen, ständig neues statistisches Material
- zwischen den WK Hochkonjunktur
- in Tiefenpsychologie auch verankert

Aktuell:
- heute heißt Charakterkunde „Persönlichkeitspsychologie"
- (Dichotomie Intro- Extroversion war äußerst fruchtbar, vor allem Eysenecks Modell)
- heute: eher Vielzahl von Einzeldimensionen
- viele standardisierte Tests (klassische Testtheorie) mit aufwendigen mathematisch statistischen Verfahren in Zusammenhang und ausgewertet

3.) Entwicklungspsychologie

- entsprang aus der sog. Kinderpsychologie
- diese entstand Beschäftigung mit dem Außergewöhnlichem: Wunderkindern, Hochbegabung, „ Überentwicklung"
- seit 17 Jhrd. Aufmerksamkeit zu kindlicher Entwicklung
- 1762 **Rousseau** „Emile oder über die Erziehung"
- 1787 **Tiedemann** veröffentlichte Beobachtungen zu Entwicklungen seines '81 geborenen Sohnes
- ab ca. 1850 Aufzeichnungen über Kindesentwicklung in Mode
- **Charles Darwin** „Die Abstammung des Menschen" 1971, unterschiedliche Intellektuelle Fähigkeiten sind vererbt
- 1866 **Ernst Haeckel** „biogenetisches Grundgesetz", embryonale Entwicklung als Rekapitulation der Stammesgeschichte
- **Wiliam Preyer,** Physiologe, „Die Seele des Kindes" 1882
- biographische Methode
- besonders sorgfältig und systematisch
- Beobachtung seines Sohnes
- Entwicklung der Reflexe, der Sprache , Emotionen, des Körpers, der Sinnesorgane
- **James Sully**,
- griff Preyers Methode auf
- dehnt sie auf Kindergarten und Vorschule aus

- ○ 90iger Jahre
  - **Stanley Hall** und **Baldwin** „psychogenetisches Grundgesetz"
- ○ Individuum durchlaufe in der seiner Entwicklung die Evolution der Menschheit (nicht nur als Embryo)
  - nach 1900 viele Tagebuchstudien
  - **Clara und Wiliam Stern** veröffentlichten Kindertagebücher mit besonderem Augenmerk auf die Sprachentwicklung
  - Einführung der Schulpflicht 1919 (Weimarer Verfassung,für ganz Deutschland)
  - Frage nach der Schulreife
  - **Binet und Simon**: Verfahren der standardisierten Intelligenzprüfung
  - **Terman**: Längsschnittstudien über Lebensläufe begabter Kinder
  - **Charlotte Bühler** – Vielzahl von empirischen Arbeiten zur Entwicklung von Kindern, ab den **1920igern**
- ○ Sammlung von kommentierten Jugendtagebüchern
  - Hermeneutik fand hier ihren Einstieg in die Entwicklungspsychologie
  - es folgten Kinderuntersuchungen
  - Ziel Aufstellung altersgemäßer Normen der Entwicklung
  - **Bühler-Hetzer-Kleinkindertest (bis 6 Jahre)**
  - Ergebnis: Kinder durchlaufen Phasen von Verhaltensänderungen
  - dehnte entwicklungspsychologische Untersuchungen auf das gesamte Lebensalter aus - „Der menschliche Lebenslauf als psychologisches Problem"1933
  Herausstellung des Strebens nach Selbstverwirklichung
  - **Sigmund Freud** – psychoanalytische Phasenlehre
- ○ 3 Phasen in der frühen Kindheit:
  - orale Phase, anale Phase, phallische Phase
  - in der Pubertät genitale Phase: Stadium des Erwachsenseins
  - spekulativer Charakter
  - **Jean Piaget** – Stufen der kognitiven Entwicklung (1970iger)
  - 1. sensumotorische Intelligenz
- ○ 0-1/1,5
- ○ Sinne; früheste Auseinandersetzung mit der Umwelt(Greifen nach Gegenständen)
- ○ 6-8 Monate Objektpermanenz (Dinge existieren auch, wenn man sie nicht sieht)
  - 2. Stufe des voroperatorischen, anschaulichen Denkens
- ○ 1,5 bis 6 oder 8 Jahre
- ○ sortieren von Objekten nach logischen Prinzipien
- ○ Verinnerlichung des Handelns
- ○ keine Perspektivübernahme
- ○ „Egozentrismus"
  - 3- konkret – operatorisches Denken
- ○ 8-10 Jahre
- ○ dieselbe Quantität kann verschiedene Formen haben (z.B. Saft in Glas)
  - 4. formal – operatorisches Denken
- ○ ab 11-12 Jahre
- ○ Fähigkeit zum Argumentieren und Hypothesenbildung
- ○ hypothetisch- deduktiv, nicht mehr an konkret Operationen gebunden
  - neue entwicklungspsychologische Modelle beziehen soziale Faktoren mehr mit ein
- ○ versuchen bislang vernachlässigte Lebensabschnitte und kritische Lebensereignisse zum Forschungsgegenstand zu machen

4.) Pädagogische Psychologie

- angewandte Psychologie, eng mit Entwicklungspsychologie und Diagnostik verbunden

- Psychologie und Pädagogik lange Zeit nicht voneinander zu trennen
- lange Geschichte:
- 1824 Preußisches Schulministerium beschließt, dass Lehrer der Höheren Schule philosophische und psychol. Kenntnisse erwerben müssen
- Gundlach 2004 sieht dieses Datum als Geburtsdatum der Psychologie
- um 1900 erste Fachzeitschriften
- 1899 „Fachzeitschrift für pädagogische Psychologie"
- Ziel Pädagogik aufgrund naturwissenschaftlicher Methoden zu schaffen (experimentelle Pädagogik, experimentelle Diagnostik)
- **Ernst Meumann, um 1900**
  - Schüler von Wundt
  - setzte sich für experimentelle P. bzw. Psychotechnik der Erziehung eim
  - gründete „Zeitschrift für Experimentelle Psychologie"
- PP als eigenständige Disziplin erst **1917** durch **Aloys Fischer** gefordert
- zwischen den Weltkriegen PP in Kontroverse der vorherrschenden Schulen
- beginn der Reformpädagogik von Montesorri, Petersen etc.
- während NS Zeit: Forschung kaum aktiv, kein internationaler Austausch, aber seit **Diplom 1941 Ausbildungs- und Prüfungsfach**
- nach 2.WK. wurde Sprangers geisteswissenschaftlicher Ansatz prägend für Lehrerausbildung
- **60iger Jahre**: größere Bildungsreformen, Umgestaltung des Pädagogikstudiums, Besetzung vieler Pädagogikprofessuren mit Psychologen, neue Forschungs- und Lehrinstitute z.B. Max Planck Institut für Bildungswissenschaften
- **Tausch&Tausch** (70iger Jahre) belegten in zahlreichen Studien, das Lehrer in kritischen Unterrichtssituationen zu lenkendem autokratischem Verhalten neigen
  - großer Nutzen psycholo. Forschung für die Ausbildung von Lehrern!
- **aktuell:**
  - in den letzte Jahrzehnten ist die PP internationaler, komplexer, methodisch aufwendiger geworden
  - Themen: PISA- Studien, internetbasiertes Lernen und Wissenspsychologie

5.) Sozialpsychologie

- **1871, Gustav Adolf Lindner** „socialpsychologie" im heutigen Sinne
- zu diesem Zeitpunkt keine Massenpsychologie
- geht auf französische und amerikanische Soziologen zurück
- soziales Umfeld für Individuum wichtig, erste empirische Forschungen
- **Charles Cooley 1902** führt Begriff „Primärgruppe" ein
- heißt von Angesicht zu Angesicht
- nennt sie primär, weil sie für Formung einer soziale Persönlichkeit grundlegende Bedeutung hat (Familie, Freunde, Nachbarn, Kollegen)
- erste Blüte in den USA
- weil multikulturelle Gesellschaft eher offen für Fragen zur Bedeutung sozialen Umfeldes
- ungezwungen Bereitschaft für Experimente
  - erste Themen: Einfluss von Anwesenheit anderer auf Leistung (Sport)
  - **Walther Moede** führte Untersuchungen durch
- war Schüler Freuds
- Befunde erst 1920 veröffentlicht unter „ Experimentelle Massenpsychologie"
  - Gründe für Leistungssteigerung: Geltungsstreben, Äquivalenzgefühle
  - **Floyd H. Allport 1924** „Lehrbuch der Sozialpsychologie"
- gelang Durchdringung solcher Gruppenwirkungen
- behavioristische Sozialpsychologie

- versuchte höhere Kontrolle der Störvariablen zu erreichen
- wies Vpn an ohne Wettbewerb anzutreten, nur mit Anwesenden
- reinere Wirkung erzielt
- glaubte „soziale Aktivierung" führe zu Leistungssteigerung, die er von Konkurrenz unabhängig glaubt
- Methode der Isolation unabhängiger Variablen, Kontrolle der Störvariablen etc. ermöglichte systematisches Studium sozialer Prozesse unter Einhaltung strengster Regeln
- aus heutiger Sicht ist seine SP verkürzt
- weit entfernt von Alltag und Sozialbeziehungen
- Allport hinterlässt bis heute einen einengenden Behaviorismus in der Sozialpsychologie
- **1. Institut für Sozialpsychologie in Dtl., Karlsruhe**
- 1920 Gegründet von **Willy Hellpach**
- Hellpach wurde badischer Staatsminister und das Institut wurde geschlossen
- erste Anfang der **60iger** neue Institute, erste Lehrstühle für SP
- Ziel: Anschluss an die USA gewinnen
- USA in den **30igern Kleingruppenforschung,**
  - wurde zu Kerngebiet der SP
  - **Moreno:** soziometrische Befragung zur Sichtbarmachung von Gruppenstrukturen, Erstellung von Soziogrammen
  - **Whyte:** Studium von Verhalten von Jugendbanden
  - **Sherif:** Enstehung von Gruppennormen (Laborexperimente mit 2-3Personen Gruppen)
  - **Lewin:** Einfluss von autokratischer und demokratischer Führung auf die Gruppenatmosphäre
- Schlagwort Gruppendynamik geprägt
- Hinweise auf Gruppenführung, Erziehungswirkung, gesellschaftliche Bedingungen insgesamt
- **Louis Leon Thurstone**
- Einstellungs- und Attitüdenforschung
  - standardisierte Einstellungsskalen, persönlichkeitsdiagnostische Verfahren und Fragebögen
  - wichtig für Vorurteils- und Sterotypenforschung und angewandte Sozialpsychologie
- **Theodor Adorno**, im Exil
- „authoritarian personality" Studien zur autokratischer Persönlichkeit 1945/46, veröffentlicht erst 1950
- bekam viel Kritik
- F-Skala, in der Einstellungsforschung am häufigsten verwendetes Messinstrument
- **Herbert Hyman 1942**
- prägte Begriff „Bezugsgruppe"
- wies auf Bedeutung soziale Gruppen auf die Einstellung und die Bedeutung der Gruppe für den eigenen Status
- **1950iger** neue Phase der Kleingruppenforschung
- Robert F. Bales und Lewin -Schüler Festinger, Deutsch, Schachter
- untersuchten Gruppenprozesse unter Laboratoriumsbedingungen
- **Bales r**egistrierte Interaktionsprozesse
- **Solomon E. Asch** untersuchte Einfluss der Majorität auf das Urteil Einzelner
- **Schachter** erfasste Bedürfnis nach Nähe zu anderen in Bedrougssituatioen
- **Kogan&Walach** verglichen Risikobereischaft von Gruppen und Einzelpersonen
- **Bavelas&Leavitt** ermittelten Einfluss der Kommunikationsstruktur auf die Einzelleistung
- **Fritz Heider** entwickelte theoretisches Modell, dass den Zusammenhang von Einstellungen und Sozialbeziehungen zum Ausdruck brachte (Balancemodell)
- **Feistinger** Theorien sozialer Vergleichsprozesse und Theorie der kognitiven Dissonanz – Vorhersage von Einstellungsveränderungen wurde möglich
  - prüfte Wirkung erzwungener Komplizenschaften, einstellungskonträrer Informationen

→ historisch gesehen Studien aus praktischem Interesse entstanden, soziale Gruppenarbeit wurde wichtiger Teil der Sozialarbeit
- SP profitiere sehr von Anwendungsbereichen
- Forschungsinteressen in den Nachkriegsjahre sind soziale Folgen des Krieges
- **Kripal S. Shodi** - Untersuchungen zu konformen Verhalten und sozialen Stereotypen(obwohl noch Charakterologie und Ganzheitspsychologie dominierten)
- **Hofstätter** – machte SP in breiteren Kreisen bekannt
- **60/70iger** Auseinandersetzung mit der Psychoanalyse
- Aggressionstheorie lehnt jegliche Triebtheorie ab
- aus heutiger sich ist die Aggressionstheorie wenig sozialpsychologisch
- Aggression ist Form sozialen Verhaltens
- **DDR** – durch Pädologendekret 1936 Entwicklung der empi. SP nicht möglich
- es gab marxistische Sozialpsychologie (**Gottwald, Hiebsch, Vorwerg**)
- stützte sich auf westliche Literatur

Aktuell:
- expandierte SP, große Zahl an Veröffentlichungen
- kognitive Wende mit Betonung von Wahrnehmungsprozessen, geringe Bedeutung von Gruppendynamik

Themen:
- Attributionsforschung
- Austauschtheorie
- Gleichgewichtstheorie
- Heiders Balancemodell
- Festingers Theorie der kognitiven Dissonanz

6.) Wirtschaftspsychologie

- Problemstellung aus der Praxis, Theorien der allgemeinen Psychologie, Methoden aus den Naturwissenschaften
- steht im ökonomischen Spannungsfeld wie keine andere Disziplin der Psychologie
- Arbeits-, Organisations- und Marktpsychologie
- ist aus ökonomischen Interessen entstanden und prägt Arbeitsplatzgestaltung und Markt- und Werbeforschung
- um **1900** in USA viele Lehrstühle für WP
- Hintergrund: sich abzeichnende Bedeutung der P. Für **Arbeitsintensivierung und Massenfertigung**
- **Taylorismus – Frederik Winslow Taylor**
- Prozesssteuerung von Arbeitsabläufen (siehe McDonalds)
- im Bereich Psychologie: Entwicklung von Ausleseverfahren und Arbeitszeitstudien
- der Arbeitende wird zum Ausführenden degradiert
- Lohnzuschläge bei Leistungssteigerung
- stark kritisiert: menschenverachtender Charakter, Ausbeutung, fehlende Wissenschaftlichkeit, Wissensenteignung der Arbeiter durch Management, Arbeiter ist zu monotoner Routine verurteilt
- Ausbreitung Taylorismus im Kaiserreich parallel zu industrieller Psychotechnik
- **Psychotechnik**
- begründet von **William Stern, Hugo Münsterberg, Walther Moede**
- Begriff von Stern geprägt, von Münsterberg bekannt gemacht
- „Wissenschaft von der praktischen Anwendung der Psychologie im Dienste der Kulturaufgaben"
- 1914 **„Grundzüge der Psychotechnik"**
- Begriffe engte sich zu industrieller Psychotechnik ein (Anpassung des Arbeiters an Arbeitsbedingungen)

- **Blütezeit 1.WK**
- wurde durch „applied psychologie" (angewandte Psychologie) abgelöst
- 1926 in Dtld. psychotech. Untersuchungen bei ca. 110 Instrustrieunternehmen
- etwa die Hälfte hat eigene Prüfstellen eingerichtet; zur Durchführung von Eignungstests
- kein einziger Psychologe arbeitete in diesen Prüfstellen
- **Niedergang der Psychotechnik Ende der 20iger**
- Gründe:
- fehlender theoretische und methodische Basis
- seelenloser Apparat (Kritik der Geisteswiss.)
- viel Zeitaufwand, zu viel Versprochen
- ganzheitliche / charakterlogische Verfahren kamen in der Wehrmachtpsychologie auf und lösten Psychotechnik ab
- **Human Relations, Elton Mayo, 1920iger**

= Bewegung, die in Dtld. erst nach dem 2.WK Beachtung fand
- Beginn mit **Hawthrone-Studien**, sehr große Studie, in Serie
- bekannteste Versuchsreihe daraus: **Relay assembly test 1927** (6 Mitarbeiter während der Arbeit unter Beobachtung, Arbeitsleistung steigerte sich immens, sinkende Fehlzeiten --- **Hawthrone-Effect**)
- **Elton Mayo**: Befragung von 20000 Mitarbeitern zu Arbeitsmotivation
- Lob, Anerkennung und gute soziale Beziehungen am Arbeitsplatz wichtig –gutes Betriebsklima
- **Marktpsychologie:**
- Produktwerbung durch aufkommende Ausweitung von Handel und Verkehr, dadurch Konkurrenzdruck
- Überprüfung der Wirksamkeit erforderlich
- nutzte Wundts Bewusstseinspsychologie
- **Walter Dill Scott – 1908** frühe Werbepsych. Untersuchungen
- Basis: selbstgemachte Trieblehre, aber auch Lerntheorien
- Wirkung von Anzeigegröße, Wiederholung von Anzeigen
- durch Münsterberg in Dtl. bekannt gemacht
- Pionier der Werbepsychologie in Dtld.: Edmund Lysinski (1923)
- begann erste Untersuchungen bereits vor dem 1.WK
- **Danziger 1987** wies nach, dass heutige Bestandteile des Methodenarsenals aus der angewandten Psychologie stammt und nicht umgekehrt
- WP für Psychologie Bereicherung, da Forschung im Alltag, nicht im Labor (siehe Feldexperimente)

7.) Verkehrspsychologie

- Nestor **Hugo Münsterberg**, USA
- Verfahren zur Auswahl von Straßenbahnführern entwickelt (Simulation)
- Ausschlaggebend: Mannigfaltigkeit der Fähigkeiten, z.B. gleichzeitiges Abschätzen des Verhaltens anderen Teilnehmer
- weißt auf ökonomische Vorteile der Testung hin
- bereits Ende des 19Jhrds. Untersuchungen zur Fahrtüchtigkeit zum Ausschluss von Geisteskranken
- im früher 20 Jhd. Ausweitung zur Auslese der Eisenbahnführer und institutionalisiert
- die Themen vor 100 Jahren sind alle in der Testversion von 2004 wiederzufinden
- gemeint ist **„Wiener Testsystem"** ,seit 40 Jahren
- Taylor brachte Anpassung von Arbeitsgerät und Arbeitsprozessen durch „scientific management"
- 20.Jhrd: Zunahme Straßenschienen und Luftverkehr und Entwicklung der Psychologie
- Themen geändert: Psycholog. Gestaltungkriterien für Verkehrsplanung

- Aggression im Straßenverkehr
- Bestimmungen zur MPU
- Verkehrspsychologische Beratung

8.) Umweltpsychologie

- besteht seit 3 Jahrzehnten als Forschungsgebiet
- Entstehung in der Zeit der Studentenbewegung:
  - Umweltschutz
  - artgerechte Tierhaltung
  - Erhaltung schützenswerter Biotope
  - umweltbewusstes Verhalten
- 1969 erste Fachzeitschrift „Enviroment & behaviour"
- in allgemeinem Sinn hat UP 100 Jährige Geschichte
  - **Willy Hellpach**
- prägte Begriff UP
- beschrieb Wirkung des Klimas verschiedener Landschaften (z.b. Wirkung Großstadt auf Menschen)
- Werk „Die geopsychischen Erscheinungen" 1911 ist Grundstein für UP
- geprägt durch Wundts Völkerpsychologie und Ratzels Anthropogeographie
- keine Untersuchungen im heutigen Sinne
- kaum Wirkungskreis, aber beschrieb drei Bereiche der UP:
  - natürliche Umwelt
  - soziale Umwelt
  - kulturelle Umwelt
  - **Kurt Lewin**, Meilenstein der UP „Kriegslandschaft" 1917
  - **Martha Muchow** Untersuchung des Großstadtkindes
- wichtig dafür auch Lewins Feldtheorie und Jakobs Umweltlehre 1921
- heutiger Nestor: **Roger Barker**:
  - gründete in Kansas Forschungsstation
  - 1947 -1972 Untersuchungen über Mensch – Umwelt - Beziehungen
    - untersuchte Milieus (Kirche, Kaufhäuser,..) „**behaviour settings**" (reale sich selbst erhaltende Situationen, verhalten ist standardisiert, beteiligte Personen sind austauschbar), **Synomorphie** = Passung zwischen Mensch und Umwelt bzw. die Abstimmung von Handlungsmustern auf das physische Milieu

UP ist ein interdisziplinäre Feld, das aus Grundlagen schöpft und für viele Lebensbereiche relevant ist.

9.) Klinische Psychologie

- angewandte Psychologie
- größtes Tätigkeitsfeld von Psychologen
- eigene Methoden, Techniken und Theorien, die z.T. auf die Grundlagenfächer zurückwirken
- Hauptbereiche:
  - Diagnose und Behandlung von Störungen des Erlebens und Verhaltens
  - schon Jahrtausende alt
  - als Wissenschaft mit Forschungsmethoden erst ab Mitte des 19 Jhrd.
    - **Wilhelm Griesinger**, Psychiater – Geisteskrankheit als somatische Ursache, nicht als Strafe Gottes
- **1896** wird oft als Beginn der KP genannt
  - **Ligthner Witmer** gründete Psychologische Klinik in Pennsylvania 1896
- Assistent und Nachfolger von **James McKeen Catell** an Uni Pennsylvania

- **Catell**, erste psychologische Tests in den USA – Witmer nutzte diese Tests
- Ziel: Diagnostik zur Einführung von Beratung, Psychotherapie und Rehamaßnahmen für Kinder, die in Schule versagten
- stieß auf wenig Beachtung seiner Ideen
- Gründe: Wittmer lehnte Psychoanalyse ab, die jedoch zur seiner Zeit vorherrschend war
- Begriff Psychotherapie entstand um 1870 und war gleichbedeutend mit psychoanalytischer Behandlung
  - **Emil Kraepelin** veröffentlichte „Der psychologische Versuch in der Psychiatrie" 1896
- Systematik der Geisteskrankheiten
- Anwendung der Methoden, die er in Leipzig kennengelernt hat (Wundt)
- Untersuchungen zu Schlaftiefe, Muskelkraft, Gefühle, Ermüdung, Erholung, Wirkung von Tee, Alkohol etc. auf geistige Prozesse
  - Befunde haben großen Wert für Arbeitspsychologie (Ermüdung, Erholung, Pausen), Psychiatrie (Pharmazie)
  - beide Schüler von Wundt
- **Behaviorismus und Reflexologie** bot Hinweise auf Entstehung von neurotischen Störungen
  - (Watson/ Skinner: der kleine Albert)
  - bereits in den 20igern Ziel Lerntheorien nicht nur zur Entstehungsnachweis, sondern auch Beseitigung von Symptomen zu nutzen
  - Verhaltenstherapie jedoch erst lange nach dem 2WK in Deutschland
- **Carl Rogers (Humanstische Psychologie)**
  - kam aus tiefenpsychologischer Richtung
  - neue Wege zur Behandlung psychischer Erkrankungen
  - Begründer der klientenzentrierten Therapie, auch als Gesprächspsychotherapie bezeichnet
  - Wichtig:
- Bedürfnis des Menschen nach Selbstverwirklichung, Anerkennung und innerem Wachstum
- Ziele findet jeder Klient in sich selbst
- Therapeut soll lenkende und deutende Maßnahmen vermeiden
- Grundhaltung: Empathie, Wertschätzung, Kongruenz (meint authentische Kommunikation des Therapeuten)
  - sein Ansatz hat bis heute große Wirkung auf die Entwicklung von Gruppentherapien, professionellen und nicht-professionellen Beugungsformen, Pädagogik, Sozialarbeit und Seelsorge
  - **Tausch&Tausch** haben viele empirische Untersuchungen durchgeführt, die die Wirkung der KT belegen
- erste Lehrstühle in den 1960igern, erste Lehrbücher in den 70igern
- **1998 Psychotherapeutengesetz (PsychThG)** verabschiedet, heute 33.000 approbierte Psychotherapeuten
- **heute Annäherung der Richtungen (TP, PA,VT)**
  - Grundzüge der KT finden sich vor allem in systemischer Therapie, Familientherapie und Gestalttherapie
- Lehrbuch von Hellpach „Klinische Psychologie" wird der Sozialpsychologie zugeordnet
  - beschäftigt sich mit Arzt-Patient-Beziehung

Themen auch: ärztlicher Ethos, Umgang mit Diagnosen

10.) Sportpsychologie

Begriff:
- **1900 Pierre de Coubertin** nannte Begriff „psychologie du sport", Begründer der olympischen Spiele der Neuzeit
  - führte 1913 ersten Kongress in Lausanne zur Psychologie und Physiologie des Sports durch

Geschichte:
- Franzose **Tissie** schrieb vor 1900 über trainingspsychologische Aspekte des Radrennsports

- Amerikaner **Triplett** analysiert Daten der Radrennen und stellte „Theorie der Dynamogenese "auf
- Warum fahren die Radrennfahrer bei Anwesenheit anderer Fahrer schneller?
- Es kann beim Wettbewerb zu Überregung und damit Leistungseinbrüchen kommen
- Italiener **Angelo Mosso**, auch vor 1900, Physiologische und psychologische Wirkung von Aufenthalt in großen Höhen
- hielt sich mit Bergsoldaten in den Alpen auf und machte Beobachtungen und Messungen
- beschrieb besondere Belastung der Gruppenführung und Wettbewerbseffekt
- erste sportpsychologishe Doktorarbeit von Wilhelm Benary, Schüler von Wiliam Stern
- in 1920igern Expansion der SP durch **Robert Werner Schulte**
  - Schüler von Wundt
  - arbeitete an Deutscher Hochschule für Leibesertüchtigung
  - richtete dort sportpsychol. Laboratorium ein
  - experimentelle Untersuchungen waren nicht gut abgesichert
- **Otto Klemm,** Leipziger Institut
  - Serien von systematischen Studien zur menschlichen Motorik
  - Arbeiten zum Bewegungsablauf von Kugelstoßern, Speerwerfern und Diskuswerfern
- **Hanns Sippel** und andere Psychologen
  - starke Gegenbewegung zu Apparatediagnostik
  - Ablehnung experimenteller Forschung
  - wandte sich Psychologie der Leibesübungen zu
  - geprägt durch Dilthey, Spranger und andere Geisteswissenschaftler
  - diese Philosophen beeinflussten Sportwissenschaftler so sehr, dass experimentelle Sportpsychologie in der 20igern stark zurückging
  - Themen: Entwicklung des Kindes, Streben nach Betätigung, Spiel, Gesundheit, Kameradschaft
- NS-Zeit: sportpsy. Elemente in Wehrmachtpsychologie enthalten, aber eher gering
- starke internationale Entwicklung
  - **Coleman R. Griffith** Vater der amerikanischen Sportpsychologie,Wirkung begrenzt
  - **Karl S. Lashley**, Amerikaner, Schüler Watsons
- Untersuchte Gehirnmechanismen und Lernprozesse
- 1915 Lernversuche Bogenschießen
- **Nachkriegszeit:**
  - DDR erkannte Bedeutung der Sportpsychologie
- 1965 erster Lehrstuhl für SP in Leipzig
  - BRD Sportpsychologie seit 1947 mit Gründung der Deutschen Sporthochschule (Carl Diem) Inhalt der Ausbildung
- 1961 erste Lehrstühle für SP in Köln
  - Beginn systematischer Forschung zu Leistungsmotivation
  - Verbindungen zu Arbeitspsychologie, Sozialpsychologie, Entwicklungspsych. Und Gesundheitspsychologie
  - 1965 International society of sport psychology (Organisation zur Förderung der Forschung, Praxis und Entwicklung in der Disziplin der Sportpsychologie in der ganzen Welt)
  - 1970 International Journal of sport psychology (empirische und theoretische Beiträge)
  - 1986 Association of applied sport psychology (weltweit größte Organisation; Arbeitsgemeinschaft für angewandte Sportpsychologie (AASP) fördert die Entwicklung von Wissenschaft und ethische Praxis. AASP ist eine internationale, multidisziplinäre, professionelle Organisation, Gebiet von Sport, Bewegung und Gesundheitpsychologie)
- heute wird SP an 50 Unis gelehrt

11.) Musikpsychologie

- **1782 Joseph Kausch** „Psychologische Abhandlung über den Einfluss der Töne und insbesondere der Musik auf die Seele"

- Gegenstand: Psychologie des Musikerlebens
- **1863 Helmholtz „Lehre von den Tonempfindungen"**, erste experimentelle Schritte zur Tonwahrnehmung; „Resonanztheorie" – Theorie des Hörens
- **Carl Stumpf** baute darauf auf
  - 1890 2 Bände **„Tonpsychologie"** (geplant waren 5)
- Untersuchung zu Wahrnehmung von Intervallen mit bescheidener experimenteller Ausrüstung
- Befund: Intervalle verschmelzen in der Wahrnehmung des Hörers
- spricht von Empfindungsganzen (vgl. Ehrenfels, Gestaltpsychologie)
- Wilhelm Wundt kritisierte anonym scharf die Tonpsychologie
  - um 1900 „ Beiträge zur Akustik und Musikwissenschaft", Aufsätze zu vergleichenden Musikpsychologie
  - begründete *Phonogrammsammlung*, geleitet von Schüler und Gestaltpych. **Erich Moritz von Holzbostel**
- Ziel:
  - Dokumentation außereuropäischer Musik auf Tonträgern
  - Ursprünge der Musik finden
- heute im Ethnologischem Museum in Berlin 150000 Aufnahmen
- **Carl E. Seashore**, erster Musikpsychologe
  - entwickelt **1919 „Seashore Tests of musical ability"**, erste Testbatterie zur Messung musikalischer Begabungen und Fähigkeiten, wird modifiziert heute noch verwendet
  - im 1. WK. Akustische Untersuchung zur Ortung von Schiffen
  - später Verfahren zur Erfassung des musikalischen Gedächtnisses
- Musikpsychologie stand **ab den 50igern** unter den Einfluss der verschiedenen psych.Schulen
- **Themen heute**: Belastung von Berufsmusikern, Gedächtnis und Motivation, Wirkung musikalischer Erziehung auf Sprache, Entstehung jugendlicher Musikkulturen etc.
- Verbindung zu Sozialpsychologie, pädagogische Psychologie, Entwicklungspsychologie

12.) Religionspsychologie

- Randgebiet, keine Lehrstühle
- Unterscheidung Religionspsychologie und Pastoralpsychologie (Praktische Theologie)
- reicht bis in die Antike
- Religionspsychologie erst ab Ende des 19 Jhrds. durch **Stanley Hall**
- Psychologe, der sich mit Bekehrungen beschäftigte
- gründete 1881 in USA Journal of religious psychology
- Begründer empirische Religionspsychologie **Edwin D. Starbuck,** verfasste 1899 erstes Buch zur RP., ins Deutsche übersetzt 1909. enthielt Ergebnisse seiner Befragung zu Konversionserlebnissen
- In Deutschland Höhepunkt in den 20/30iger Jahren
- vor allem durch **Oswald Külpe** (aus Pastorenfamilie)
- gründete 1914 „ Gesellschaft für Religionspsychologie", besteht heute noch unter dem Namen „Internationale Gesellschaft für Religionspsychologie – The International Association for the Psychology of Religion"
  - zudem Zeitschrift Archiv für Religionspsychologie
- „Dorpat-schule der Religionspsychologie" gegründet von **Karl Girgensohn**
- nutzte Methoden der Denkpsychologie der Würzburger Schule um Glaubensprozesse zu erkunden
- nur begrenzte Wirkung
- **großer Einfluss durch Beiträge von Sigmund Freud und SchülerInnen**
  - Freud war Atheist

- setzte sich sein Leben lang mit Fragen zu psychoanalytische Perspektive auseinander
  - Erklärungen für Naturkastrophen etc findet der Mensch in Göttern, nach Vatergestalt
  - sieht religion als Illusion
  - gesteht aber positive wirkung: Kultur entstehe durch Triebverzicht, Religion hat dazu beigetragen
  - weitere relevante Themen: Schuldgefühle
  - **Gordon Allport**, Sozialpsychologe, geprägt durch kritischer Personalismus und geisteswissenschaftlicher Psychologie Wiliam Sterns
  - Abgrenzung zu Psychoanalyse und Behaviorismus
  - Nähe zu Humanistischer Psychologie:
- Ähnlichkeit zu Rogers, Maslow und Bühler
  - Mensch als unteilbares Ganzes
  - in seiner Persönlichkeitspsychologie spricht er von Proporium
  - **Proporium** = naturgegeben innere Disposition, die alle Aspekte der Persönlichkeit zusammenhält, kennzeichnet Einmaligkeit der Person und Beständigkeit
  - spekulativ, aber auch empirisch:
- führte 1967 „**Religious orientation scale**" ein und nutzte dazu I-E-Skala (versuchte intrinsische von extrinsischer religiöser Haltung zu trennen)
  - intrinsisch: Person ist der Sache wegen religiös
  - extrinsisch: aus verschiedenen Nützlichkeitsgründen
  - Skala wurde in vielen Ländern genutzt
  - **Viktor Frankl**
  - Holocaust Erlebnisse und KZ-Inhaftierung
  - begann **1945** Arbeit mit psychiatrischer Selbstmordprophylaxe und -prävention
  - entwickelte „Logotherapie und Existenzanalyse"
- gilt neben Psychoanalyse und Individualpsychologie als 3. Wiener Schule der Psychotherapie
- sah Mensch nach Selbsttranszendierung streben (Verwirklichung durch Sinnerfüllung)
- Psychotherapie verhilft zur Reifung der Sinnfindung
  - **heutige RP:**
  - Gebrauch von psychologischen Theorien der Entwicklungspsychologie, Persönlichkeitspsychologie und Sozialpsychologie
  - empirische Untersuchungen, z.B. Zusammenhang von Religiosität und psychischer Gesundheit

13.) Politische Psychologie

= sozialwissenschaftliche Richtung der angewandten Psychologie mit Verbindung zur Sozialpsychologie

Begriff:
- erstmals 1860 im Editorial der London Times
- im 20. Jhrd. durch Emile g. Boutmy „psychologie politique": Nationalstereotypen
- 1917 George B. Grundy fordert Teilgebiet der Geschichtswissenschaft: political psychology, Thema Verhalten der Massen, Einschätzung anderen Völker, Vermeidung von Kriegen

Begründer/Einflüsse:
- Einführung des Begriffs: Völkerkundler **Adolf Bastian 1860**: „Der Mensch in der Geschichte", 3. Band heißt „Politische Psychologie"; Verhältnis Person und Politik, auch Religion, Eigentum; suchte nach Psychologie der Weltanschauungen
- größere Anzahl an Büchern ab 1980

- P.P. beeinflusst durch **Psychoanalyse** (Mitscherlich) : tiefenpsychologische

Gesellschaftsdiagnosen zum Verhältnis der Nachkriegsgeneration zum NS und unbewältigter Vergangenheit
- **Begründer der neuere PP: 1969 Klaus Horn - kritische Psychologie**
- **Kurt Lewin**:30/40iger Jahre Arbeiten zu autokrativer und demokratische Erziehung, Redemokratisierung in der Nachkriegszeit
- USA **Hadley Cantril**: 1938 Vorfall: in Radiohörspiel „war of the world" kam es zu Massenpanik, da 6 mio. Menschen tatsächlich an Invasion vom Mars glaubten
  - Suche nach Gründen anhand von Umfragen: mangelnde Bildung, wirtschaftlich und pol. Lage, Gefühl des Bedrohtseins durch Faschismus in Europa
- Österreich: **Lazarsfeld:** Marienthalstudie zu Arbeitslosigkeit 1933
- Dtl.: **1958 Berufsverband Deutscher Psychologen** begründete Sektion zur Politische Psychologie (Walter Jacobsen):
- Stärkung demokratischen Bewusstseins durch demokratischer Bildungsarbeit
- Aufbau der zentrale für politische Bildung 1963
- 1993 Zeitschrift für politische Bildung

Vorurteile ggü. PP:
- einseitig, parteinah, wildromantisch revolutionär
  - Gründe für die Vorurteile:
  - vermutete Verbindungen zur Studentenbewegung
  - Gegenstand des Gebietes
  - ist und muss Interessengeleitet sein

Ziele:
- Demokratie
- Völkerverständigung
- Frieden
- Abrüstung

Bedeutung:
- Volumen politisch-psychologischer Forschung verhältnismäßig gering, aber bedeutsam
  - Politische Sozialisation
  - Autoritarismusforschung
  - Heimatorientierung
  - Psychologie der Folter und Gehirnwäsche

14.) Kulturvergleichende Psychologie

- kein separates Teilgebiet der Psychologie, sondern zusätzliche, andere Perspektive auf Erziehung, Persönlichkeit, Sozialverhalten, Psychotherapie etc.
- seit ca. 100 Jahren, begonnen mit der Völkerpsychologie und Ethnologie
- Frage der Universalität der kulturübergreifenden Psychologie, da Theorien ausschließlich aus europäisch-amerikanischen Raum stammen und Vpn Psychologiestudenten waren
- Ist es überhaupt notwendig von einer Universalität von Konzepten wie Angst, Intelligenz etc auszugehen?
- Ergebnisse auch in anderen Kulturen gültig?
- 2 Vorgehensweisen in der Forschung:
- **etisches Vorgehen** (nicht ethisch!)
  - Methoden wird von außen in eine Kultur gebracht
- **emisches Vorgehen**
  - Beobachtung und Beschreibung des Forschers aus der Kultur heraus, von innen
  - Zugehörigkeit zu einer Kultur ist nicht gleichzusetzen mit Zugehörigkeit zu einer Nation oder einer Sprachgemeinschaft
  - klassische und größte Studie: **Geert Hofstede 1980** in 50 Ländern
  - durch Zufall geriet er in den 70igern an Daten einer Mitarbeiterbefragung zur

Arbeitszufriedenheit von 100000 Mit. des IBM Konzerns
- führte Faktorenanalyse durch
- fand 4 später **5 Unterscheidungsdimensionen** vor:
  - Individualismus vs. Kollektivismus
  - Maskulinität vs. Femininät
  - Unsicherheitsvermeidung hoch vs. niedrig
  - Machtdistanz hoch vs. niedrig
  - langfristige vs. kurzfristige Grundorientierung
    → viel Kritik, jedoch wurden einige Dimensionen, vor allem die erste mehrfach bestätigt
- **weitere Angewandte Methoden:** Beobachtungsstudien, Inhaltsanalysen
- **Trend**: Entwicklung von kulturspezifischen Trainingsprogrammen

15.) Methoden der Psychologie:

- Methoden seit den 60iger Jahren wichtiger Bestandteil des Studiums
- Berufserfolg von Psychologen u.a. durch spezifische Methodenkompetenz
- **Entwicklung der Methodenlehre nach Sprung&Sprung**
  - **Stadium der naiven Methodenlehre**
- von ca. 3000 v.ch. Bis 600 v.ch.
- Naturphilosophische, naturreligiöse und mythologische Vorstellungen
- Introspektion menschlichen Verhaltens
  - **Transferstadium**
- von 600 v.ch. bis in die Gegenwart
- Psychologie eingebettet in Philosophie und Physiologie
- Methoden aus diesen Wissenschaften
  - z.b. Fechner – nutze Methoden der Physik für seine Psychophysik Wundt verwendete Apparaturen und sein experimentelles Vorgehen aus der Physiologie
  - **Dissensstadium**
- ab dem 19. Jhrd. bis um 1940
- Zeit der psychologischen Laboratorien
- Konsens bzgl. Gegenstandes der Psychologie (Bewusstsein...) aber uneinig über Methoden
- Schulen mit eigenen Methoden
- durch die Entwicklung der Teilgebiete:
  - Untersuchungen mit größeren Stichproben, Einführung von Kontrollgruppen, Einsatz von naiven Vpn, statistische Verfahren und graphische Darstellungen, Stichprobenvergleiche und Signifikanztests
  - **Konsensstadium**
- späte 20iger bis zur Gegenwart
- Auflösung der Schulen
- Ausweitung der Themenfelder und Praxisbereiche
- Professionalisierung der Psychologie
- ab den 1930igern begriffliche Trennung von Experiment und Test
- Einführung von Kriterien an empirische Befunde wie Replizierbarkeit, Validität und Objektivität
- 1. verstärkte Einführung empirischer Methoden
- seit 30igern verbesserte Stichprobenmethodik, Versuchsplanmethodik, statistische Auswertungsmethoden
- seit 50igern Computernutzung für Versuchsteuerung, Datenanalyse, Modellierung und Simulation
- 2. Herausbildung von bestimmten methodischen Verfahren
- <u>Konsens? Nein</u>

- Krise der Psychologie
- 50iger heftige Methodendiskussion
- zweite Kontroverse zur Zeit der Studentenbewegung durch Frankfurter Schule und kritischer Psychologie
- 1991 Gründung „Neue Gesellschaft für Psychologie", setzt sich kritisch mit Methoden auseinander und befürwortet qualitative Verfahren
- Mainstreempsychologen folgten eher der qualitativen und biographischen Forschung
- Methodenfrage ist ab den 50igern identitätsstiftend für Psychologie, obwohl die Methoden aus Nachbardisziplinen stammen

6. Bewertung und Perspektiven:

- aktuell mehrheitlich naturwissenschaftlich - experimentelle Psychologie
- 1.) Befragung **1989** zur Zukunft der Psychologie:
- ganzheitliche Orientierung
- Alltags- und Praxisrelevanz
- Überschreitung von bisher als zu eng gesehene Grenzen der Psychologie
- 2.) Fachvertreter **2005**:
- Erfolg des Faches durch die vielen Anwendungsgebiete und methodischen Kernkompetenzen
- keine integrierende Gesamtpsychologie
- sehr viele Richtungen etc.
- mehr interdisziplinäre Kooperation mit Genetik, Evolution, Hirnforschung, Informatik etc.
- klare Hinweise auf Ausweitung der Psychologie

BEI GRIN MACHT SICH IHR WISSEN BEZAHLT

- Wir veröffentlichen Ihre Hausarbeit, Bachelor- und Masterarbeit

- Ihr eigenes eBook und Buch - weltweit in allen wichtigen Shops

- Verdienen Sie an jedem Verkauf

Jetzt bei www.GRIN.com hochladen und kostenlos publizieren